評伝 日本の経済思想

# 福田徳三

## 経済学の黎明と展開

西沢 保

日本経済評論社

# はじめに

今からほぼ一〇〇年前に黎明会を結成し、パリ講和条約における国際労働機関（ＩＬＯ）の創設・国際労働法制に歓喜した大正デモクラシーの論客・福田徳三（一八七四～一九三〇）は、同時代に活躍した河上肇（一八七九～一九四六）や吉野作造（一八七八～一九三三）と比べて研究対象にされることが相対的に少なかった。経済学を中心に日本の社会科学形成史上に枢要な役割を果たした福田は、ドイツ歴史学派の強い影響下にありながら、同時代の世界の経済学研究の成果を幅広く吸収し、それを彼自身と多くの門下生・学生を通して日本のアカデミズム・知識人層、そして社会に定着・発展させ、社会科学・経済学的思考と制度形成の基盤をつくろうとした。その推進力は人間と社会の福祉・厚生の増進であり、科学としての経済学研究の推進であった。一九三〇（昭和五）年に五五歳の生涯を閉じた時、福田の死は次のように悼まれたが、福田の生涯・業績の特徴をよく表現しているように思われる。

君の学問上の精進は単に君の学識を進め君をして学界における最高地位を獲得せしめたるに止まらず、その母校東京高等商業学校をして他に先じて大学化せしむるにあずかって力ありき。母校ならびに慶應義塾大学の教授としては最も子弟の推服敬仰するところとなり、門下多数の逸材を輩出し、教化の功績また逸すべからず。……とくに君が象牙塔内の智者たるに止まらず、つねに街頭に立ちて筆に口にその研究を発表し、また時弊匡救の運動にも関与せるごとき、これ君が性来の熱情の流露というべく、実に君は社会厚生のために一身を捧げたる一大学者にしてまた一大運動者を兼ねたるものというべし。(『如水會々報』「福田徳三君追悼録」一九三〇年六月)

福田徳三は、一八七四(明治七)年一二月二日東京の神田に生まれ、刀剣商を営む父徳兵衛と母信子との長男であった。母信子は田口卯吉の姉(木村熔子)を深く尊敬していた。徳三は一二歳で洗礼を受けたクリスチャンで、一四歳の時に自分を育ててくれた母親を亡くした。京橋区泰明小学校を卒業して、東京商業学校附属商工徒弟講習所に入学し、一八九〇(明治二三)年には神田・一ツ橋の高等商業学校に進んだ。キリスト教青年会員として活動し、一八九四年に高商を卒業、本科卒業生四二名を代表して答辞を読んだ。同年に関一《せきはじめ》とともに神戸商業学校の教諭に任命されるが、翌年それを辞して東京に戻り、高等商業学校研究科(専攻部)に入学した。翌一八九六(明治二九)年に専攻部を卒業し、高等商業学校の講師を任じられ、翌年からドイツに留学した。一八九六年にはドイツ帰りの東京帝国大学の教官を中心に日本の社会政策学会が誕生した。また、一八九〇年には慶應義塾に理財科が設立され、一八九七年には京都帝国大学が創設された。そして、一九〇二年には神戸に官立の第二高商が誕生し、一ツ橋の高商は東京高等商業学校となった。福田は一九〇一年秋に留学から帰って、高商・商大(一橋)と慶應義塾で主に教鞭をとり、大きな足跡を残して一九三〇年五月八日に五五歳数ヶ月の生涯を閉じた。福田が経済学界を中心に活躍したのはおよそ二〇世紀初めの三〇年間であり、日本における経済学研究の黎明期、あるいは離陸のための準備期から離陸をしようとしているような時期であった。

福田は、多くの人が言うように、日本の大学における経済学研究の大きな原点であり、経済学研究の基盤を構築し、その「母体」を形成した。恩師ルーヨ・ブレンターノと共著の『労働経済論』（一八九九年）から遺作となった『厚生経済研究』（一九三〇年）までのほぼ三〇年間の著作活動であったが、その著作は、経済学原論（概論）、経済史、経済学史、経済政策、社会政策を中心に、単行本三七冊、全集一部、定期刊行物、論集、辞書等に掲載された論稿約三〇〇篇の多きに達した。本書は、『労働経済論』から『厚生経済研究』にいたる福田の厚生経済・人間福祉の研究を中心に、福田の経済思想を同時代の国際的な知性史のなかで検討し、その意義を検証することを目指したい。本書は「評伝・日本の経済思想」シリーズの一冊であるが、筆者の福田研究の一部であり、厚生経済・労働経済を中心とする福田の経済思想の歴史的な研究である。

福田の活動が盛んであった第一次世界大戦前から一九三〇年前後は、ソヴィエト社会主義の誕生・進展とともに、資本主義システムの大きな転機であった。J・M・ケインズの『平和の経済的帰結』（一九一九年）、A・C・ピグーの『厚生経済学』（一九二〇年）、そしてケインズ『自由放任の終焉』（一九二六年）が刊行され、「大転換」のなかでケインズが資本主義の危機に直面する時代であった。日本でも、第一次世界大戦後、ロシア革命、米騒動、ワイマール憲法施行の影響もあり、民衆運動、労働運動の高まりとともに社会主義思想とくにマルクス主義が高揚し、河上肇は『貧乏物語』の後、一九一九年に個人雑誌『社会問題研究』を創刊してマルクス主義への傾斜を鮮明にしていく。日本のアカデミズムは一九二〇年代後半にはマルクス主義の様相をかなり強めるが、福田はそれに対抗して、厚生経済あるいは社会政策の有用性を主張し、資本主義の改造を念頭に日本の将来を構想し、第三の道ともいえる後の福祉国家・福祉社会論を高唱した。そこには第二次世界大戦後の日本の経済社会の発展にもつながるものがあるように思われる。

また、福田とほぼ同時代の東京商科大学にいた上田貞次郎は、第一次大戦後の「改造」の時代に、『社会改造と企業』（一九二二年）、『英国産業革命史論』（一九二三年）などを書いて社会改造と企業者・経営者の職分・社会的責任を強調し、先駆的な個人雑誌『企業と社会』（一九二六〜二八年）を創刊して、マルクス主義、国家主義が高揚する日本社会に向けて「新自由主義」を訴えた。それはケインズの『自由放任の終焉』とちょうど同じ時期であった。福田と上田は二人とも広義における日本の新自由主義・社会的自由主義の代弁者・主唱者であった。

クリスチャンであった福田は早くから生きとし生ける者の生存権を主張し、生存権の保障を社会政策の第一義とすべしと提唱した。福田は、厚生とは「人間としての生を厚くする」ことだと述べ、社会なら社会の生命、個人なら個人の生命を進め、生を充実させるもの、それが善であり富だと考えていた。それはオックスフォードの理想主義者ジョン・ラスキンの"No Wealth But Life" ＝「生こそ富である」という思想に近いものだと思われる。最初にドイツ歴史学派の薫陶を受けた福田は、ケンブリッジ学派のピグーの厚生経済学に学びながら、功利主義に基づく厚生主義・帰結主義の側面を受け入れることができず、オックスフォード・アプローチをとるJ・A・ホブソンの人間的福祉の経済学、価値の人間的評価に最後の拠り所を求めた。それは貨幣尺度でなく、「人間的基準」すなわち「生」の価値基準の追究であり、そのための政策、制度の追求であった。福田は、ライオネル・ロビンズ以降の科学的厚生経済学＝新厚生経済学の展開を見ることも理解することもなかったが、厚生主義的な厚生経済学とは違うもう一つの厚生経済思想・福祉の経済思想、福祉国家論の基礎を追究しており、福田の厚生・福祉経済の思想には、アマルティア・センの潜在能力理論にも繋がるものがあるように思われる。

# 福田徳三——経済学の黎明と展開　目次

# 目次

1901（明治 34）年、ヨーロッパ留学から帰国直後の福田徳三

（『如水会々報』1930 年 6 月）

1923（大正 12）年、関東大震災後のバラックで失業調査をする福田徳三と東京商大の学生

（『太陽』第 30 巻第 1 号、1924 年 1 月）

1925（大正 14）年 7 月、ミュンヘン郊外、キーム湖畔の別荘で恩師ブレンターノ夫妻と福田徳三夫妻

（福田徳三先生記念会編『福田徳三先生の追憶』中央公論事業出版、1960 年）

1929（昭和 4）年 12 月 2 日、福田徳三、55 歳の誕生日。翌年逝去

（福田徳三先生記念会編『福田徳三先生の追憶』中央公論事業出版、1960 年）

# 凡　例

1. 本書において、引用注、参照注は簡略化し必要な情報だけを（フォントを下げて）記している。
2. 巻末には主要参考文献だけを、著者、出版年の順に掲げ、他の引用（参照）文献（資料）は、本文中、脚注の中に書誌情報を組み入れてある。
3. 主要参考文献に掲げたものについては、注記の際に、著者、出版年、頁を記し、また全集、著作集があるものについては、その名称を簡略化し、巻数、集数、頁を表記する。
4. 福田徳三の著作からの引用等については、基本的に『著作集』と『全集』を用い、その巻数、集数、頁だけを簡潔に表記する。なお、『著作集』からの引用でたとえば（第一巻（一三））とあるのは、第一巻「序」の頁を示す。
5. 主要参考文献に掲げていない文献、資料については、本文中、脚注のなかに必要な情報を簡潔に（フォントを下げて）表記している。
6. また、たとえば『福田徳三博士の追憶』については『追憶』、『一橋大学学問史』については『学問史』、『上田貞次郎日記』については『上田日記』、『青年 小泉信三の日記』については『小泉日記』のように略記する。
7. 英語文献等から引用する際の訳語・訳文については、基本的に筆者によるもので、引用文献・参考文献の翻訳通りでない場合がある。また、*Economic Journal* は *EJ*、*American Economic Review* は *AER* と略記する場合がある。
8. （東京）高等商業学校は（東京）高商、（東京）商科大学は（東京）商大、（東京）帝国大学は（東京）帝大と略記する場合がある。また、東京高商、東京商大は神田・一橋にあったので、一橋と略記する場合がある。
9. 引用文中の引用者注は〔　〕で示し、引用者中略は……で示す。

# 序章　経済学研究の基盤構築と黎明期を超えて

## 1　『経済学全集』の頃

福田の五五歳の生涯における一つの大きな画期は、関東大震災後に自ら編集した『経済学全集』だと思われる。『経済学全集』（同文館、一九二五～二六年）は全六集八冊で一万頁を超えるが、その第一集の序で言う。「畢竟《ひっきょう》過去二五年間私が学問上に為したことは、いわば我が邦経済学の黎明期における一の黎明運動に外ならなかったのであります。私はかつて『黎明録』と題する一書を公けにしましたが、実は私のこの『全集』の一切をあげて一の黎明録たるにすぎないのであります」（『福田徳三著作集』第一巻（一二）・（一三））。

福田は五〇歳を迎え、一九二五年三月から、日本学士院と東京商科大学から派遣される二度目のヨーロッパ旅行を控えていたが、最初の留学中にブレンターノと共著で刊行した『労働経済論』以降二五年間における学問上の総決算をして恩師に捧げようとした。『全集』と「外遊」は、過去の総勘定であるとともに転機たるべきもので、「将来における研究の発奮の資料たるべきもの」であった（同第一巻（一三））。

それは、おそらく個人による日本で最初の『経済学全集』ではないかと思われるが、黎明期における一経済学徒の経済学研究の骨格・輪郭を示している。第一集『経済学講義』、第二集『国民経済講話』は経済学原理・経済学概論――理論、第三集は『経済史・経済学史研究』、第四集『経済学研究』は論文集（「マルクス研究」、『経済学論攷』を含む）――歴史、そして第五集が『社会政策研究』、第六集は『経済政策及時事問題』――政策であった。第六集の序（一九二五年三月一〇日付）にいわく。本第六集をもって、「私が過去二五年間筆に訴えて公にしたものは、一つの遺漏なく（但し一時的興味のものは捨てて採りませんでした）、蒐集し得たわけであります。斯くて第一集の序文に申述べて置いた通り、私は滞りなく過去の総勘定を決了し得る次第であります」と。福田はこれを書いた翌々日の三月一二日の朝、東京駅を出て、午前中に横浜から出航し「外遊」の途についた。翌二六年八月に帰国し約一年五ヶ月の外遊であった。福田の長期ヨーロッパ滞在はおそらく二回限りであった。しかし、二度目のヨーロッパ滞在から帰国して四年経たないうちに死を迎えることになった。

福田は、黎明会の創設（一九一八年一二月）前後から『経済学全集』の刊行とヨーロッパ出張・外遊の頃、あるいは「学友」左右田喜一郎の早逝、『内外経済学名著』復刊の頃（一九二七年）まで、その活動がおそらく最も華やかであり、多事・多産であったように思われる。福田の華やかな時代は、第一次世界大戦の終結、パリ講和会議（平和と労働者への社会的正義を盛り込んだ講和条約）・ＩＬＯの誕生、東京、京都の両帝国大学における経済学部の誕生（一九一九年四月、東京帝国大学の初代経済学部長は金井延）、東京商科大学誕生（一九二〇年）の前後から、バートランド・ラッセル、アルベルト・アインシュタインの来日、内務省社会局参与に任命、そして関東大震災を経て一橋五〇周年記念（一九二五年）の頃であった。東京帝大では経済学部の独立に尽力した福田の友人・高野岩三郎が、第一回国際労働会議の労働代表をめぐる問題で辞任し（一九一九年一〇月）、一九一九年二月に誕生した大原社会問題研究所の所長に就任した。大正デモクラシー、ワイマール共和国の時代であり、日本でマルクスおよびマルクス主義研究が開花する時期でもあった。それは、今からほぼ一〇〇年前の頃であった。[1]

福田は東京高商の大学昇格に合わせて一九一八年四月に慶應義塾から一橋に復帰し、翌一九年五月に教授になって東京商大の大きな柱になっていく。大学の数は第一次大戦前の四帝国大学から一九三〇年には四六大学に増え、経済学部・商学部をもつ大学も一九二〇年の一一から一九三〇年には二〇大学に増え、経済学関係の紀要も大幅に増えることになった。さらに、一九二〇～二四年に既存の五つの高商に加えて、名古屋をはじめ八つの官立高等商業学校が新設された。第一次世界大戦後の高等教育の拡張期であり、大正から昭和戦前期における高商・商大の華やかな時代であった。[2]

一九二〇年に大学に昇格したばかりの東京商大に入学した中山伊知郎によれば、その頃は、「狭い意味の商学の伝統としての一橋から、特に経済学を中心とした大学に蟬脱していく時期」であった。当時の東京商大の理念には、「経済学を中心にして、そしてもっと広い意味の社会科学、あるいは人文科学―社会科学というより、むしろ人文科学と言った方がいいと思うんですが、哲学であるとか、文学であるとか、そういう方面に広げていこうという意図が非常にはっきりして」いた。しかし中山が言うように、大正末から昭和初期のいわば「哲学時代」、人文科学的な傾向で商学・実学の底を深め広めるということのなかで、中心になったものは経済学であり、その意味では「経済学にとっても非常に幸福な時代」であった（『一橋大学学問史』一二〇五～一二〇六、一二一六～一二一七）。

よく言われるように、中山伊知郎が福田徳三ゼミの二年間に学んだのは、クールノー、ゴッセン、ワルラスそれぞれの代表作三冊であった。中山の二年先輩には手塚寿郎（一九一九年から小樽高商）がいて、二年後輩には杉本栄一がいた（杉本と同年齢の学友に上田貞次郎ゼミの山中篤太郎がいた）。一九二一〜二四年には高田保馬も東京商大で教えていた。高田を東京商大に招いたのは福田と左右田喜一郎であったというし、福田が行っていたカウツキー版『資本論』の読書会（プロゼミナール）には河合栄治郎（一九一九年一一月に農商務省を辞め、一九二〇年六月から東京帝大経済学部助教授に、森戸事件で辞めた森戸辰男の後任）も参加していた。それは第一次世界大戦後から昭和戦前期にかけての「日本の経済学にとって、非常にうれしい一つの時期」であった（中山『全集』六、二九七、二九九）。福田ゼミで中山の上には、赤松要、宮田喜代蔵、大熊信行、梅田政勝らがいて、その上の井藤半彌は助手になっていた（井藤の同期に福田敬太郎（一九二〇年から神戸高商）がいた）。大塚金之助（一九一六年卒業で、福田は慶應義塾時代にも東京高商の講師で専攻部のゼミをもっていた）はすでに留学中であり、杉本栄一の二年下には山田雄三、高島善哉らがいた。赤松、宮田は卒業とともに一九二〇年設立の名古屋高商に、大熊は小樽高商に赴任し（病気のため一九二三年に退職）、一九二七年から高岡高商（一九二四年設立）に移った（梅田は一九二一年設立の大分高商に）。大戦後で留学が多く、大塚金之助は一九一七年に東京高商教授になり一九年から留学、また上田貞次郎ゼミの上田辰之助は、同様に一九一七年に東京高商教授になり一八年から留学し、大塚と上田は親しく、「社会思想史」の二人の創始者でもあった（『学問史』八五三）。この頃はすでに一橋の学問の大きな柱になっていた上田貞次郎、左右田喜一郎も、神戸の坂西由蔵も、福田が最初の留学から帰って間もない頃の最初の門下生・学友であったし、福田は慶應義塾でも小泉信三、高橋誠一郎らの「塾友」を育てていた。「すべては福田徳三から始まる」（上久保二〇〇三）のかもしれない。日本の経営学がおそらく上田貞次郎から始まるように。

福田はまた、早くからカール・マルクスの経済理論を原典に即して紹介し、（一九〇四～五年の高商休職中に『資本論』を「耽読」していた）、一九一九～二〇年頃は『資本論』翻訳の校訂・校註もしており『マルクス全集』（大燈閣）の企画もあった。実際、高畠素之とともに、福田とその門下生（大塚金之助、坂西由蔵、小泉信三、高橋誠一郎ら）も『資本論』翻訳に携わる予定であったが、一九二〇年に福田が高畠と袂を分ち関係が解消し、企画は「流産した」（『著作集』第一六巻、「解題」の「三 流産した『マルクス全集』」参照）。雑誌『解放』の主筆に福田を立てようと目論む大燈閣の面家荘佶は、「百方懇請してみたが、福田氏がなかなか首を縦に振らなかった」という。そのうちに『資本論』翻訳の話が出、「『資本論』の翻訳と聞くと、福田氏は急に膝を乗り出して、『資本論』の翻訳なら僕はどんな犠牲を払ってもやる、金は一文も貰わなくてもいい、僕が責任をもって全部原文と引合せて監修する、是非やろうというたいへんな意気込みだった」（鈴木鴻一郎『『資本論』と日本』一九五九年、一一一～一一二に引用[3]）。

第一次世界大戦の終結（一九一八年一一月一一日）を受けて、パリ講和会議が開催される前月（一九一八年一二月）に日本における民本主義擁護のため、「資本的侵略主義と社会民主主義」とに対抗して「真正のデモクラシー」発揚を掲げ、吉野作造、福田徳三を中心に黎明会が発足した。それは、麻生久、木村久一、穂積重遠、森戸辰男、渡辺鉄蔵、堀江帰一、高橋誠一郎、小泉信三、左右田喜一郎、上田貞次郎、大山郁夫、大庭景秋らが中心であった。また、同じ一二月には東京帝大の学生を中心に新人会（麻生久、佐野学らが中心）が結成され、早稲田を中心とする民人同盟会は翌一九年二月に結成された。黎明会の第一回講演会はパリ講和会議が始まった一九一九年一月一八日であった。他方、ベストセラーとなった『貧乏物語』（一九一七年）の後、櫛田民蔵らの批判もあり、一九一九年一月に河上肇は個人雑誌『社会問題研究』を創刊しマルクス主義への傾斜を明確にし、四月には堺利彦、山川均らの『社会主義研究』が創刊された。「福田時代より河上時代へ」（堺利彦『改造』一九一九年一二月）と言われたこともあり、時代の流れのなかで、社会への影響力も河上の方が福田のそれを超えるように思われたこともあった。堺によれば、一九一九年の「前半は福田時代の全盛期で、……後半は河上時代の興隆期で福田時代の衰亡期」だという。堺がこういう背景には、六月に創刊された雑誌『解放』をめぐる福田と堺の決裂があった。

第一次大戦の終結とその後は、日本でも黎明会、新人会、そして『我等』、『改造』、『解放』の創刊と続くプログレッシブな時代であった。福田が『解放』創刊号で「解放の社会政策」を唱えたのもこうした背景であった。「解放の社会政策」でも福田は河上が進もうとする方向とは一線を画し、唯物史観、マルクス主義の方向には行かない。マルクス主義の花が開花していったなかで、大内兵衛は次のように述べている。「経済学の雑誌でこのくらい広く読まれたもの、このくらい美しいもの」といえば『社会問題研究』であり、「一番香りの高い色の、美しいもの、このくらい影響のあったものは他にはない」。「資本主義についての疑問提出者」であり、「ミルの徒、ラスキンの徒、スマートの徒であり、完全な人道学者」であった河上が、唯物史観をものにしようとして、櫛田民蔵や福本和夫の批判をへて、自己批判、自己革命をしつつマルクス研究を深めていった。河上は「何よりも求道者であった。……同時に天性の詩人であり文人であった。その点では、経済学者としてはもちろん、広く著作家として及ぶものなきチャンピオンであった。そういう人がマルクス研究をしたことに日本の経済学は感謝すべきである」。要するに、「河上さんは日本マルクス主義の開花期に咲き出た花としてその香は一番高い」（大内一九七〇、一七九〜一八三）。

パリ講和条約の締結から間もない一九一九年七月に出た『黎明録』に続く福田の『暗雲録』には、「真正のデモクラシー」、「解放の社会政策」（六月一日に発行された雑誌『解放』創刊号の巻頭論文）等々の論文が含まれ、資本主義・社会主義・民主主義について、マルクス主義への傾斜を強める河上肇とは異なる福田のスタンスが顕著であった。なお、『暗雲録』刊行（一九二〇年一二月）の頃には、民主主義のあり方、高野の労働代表問題等をめぐる福田と吉野の対立もあって黎明会は二年足らずで活動休止状態に陥った。一九一九年には雑誌『解放』の創刊をめぐって堺利彦との関係も断たれた。『解放』は福田＝主筆、堺＝編集長で企画・契約もされた（六月一日創刊）が、福田は「心機一転、自から決心した主筆の看板を三日目に撤回し、調印の契約書を勝手に破棄し……我国社会主義者の首領と絶縁した」のであった（大庭柯公「福田徳三論（対河上肇挑戦者）」『日本及日本人』一九一九年六月一五日）。

福田は、一九二三年夏に箱根で全力を傾け、『流通経済講話』の改訂をしていた。そのとき、「唯さえグラグラ動く強羅館の二階の一隅なる私の室は、天地も崩れるかと思うばかりに振動し、私は右の手にペン、左の手に数葉の原稿用紙を持ったまま、慌てて二階を駆け下りて崖上の芝生の所まで逃げ出した」。それが「関東地方をほとんど滅亡に帰せしめた大地震であったとは、二日の後に初めて知った」（『流通経済講話』序言七〜八）。『復興経済の原理及若干問題』（一九二四年）の序で言う。関東地方を襲った大震災は、「我等に、その力と勇気とを振い起さしむべき機会を与えた。私は、同学諸君の驥尾《きび》に付して、この試験〔試練〕に応ずべく、一方書斎内において、他方街頭に出でて、自分の微弱なる心力と体力の及ぶ限り、あるいは思索し、あるいは奔走し、あるいは調査し、あるいは勧説することを努めた」（第一七巻（一））。震災後、その年の末頃まで、福田は、毎日のように「トラックや馬力の絡繹《らくえき》たる〔往来の絶えない〕巷を駆けずり回り」、商大の学生と一緒に集団バラックの罹災避難者約三万七〇〇〇人について職業調査・失業調査に従事した(4)（同（一）〜（二））。

そして、福田は「営生機会の復興を急げ」（『報知新聞』一九二三年一〇月一五〜二四日）と題する論説で、「復興事業の第一は、人間の復興でなければならぬと主張」して、いわく。「人間の復興とは、大災によって破壊せられた生存の機会の復興を意味する。今日の人間は、生存するために、生活し営業し労働せねばならぬ。すなわち生存機会の復興は、生活、営業及び労働機会――これを総称して営生の機会という――の復興を意味する。道路や建物は、この営生の機会を維持し擁護する道具立てに過ぎない」（第一七巻一〇三）。

## 2　黎明期を超えて

福田の著作は、範囲もきわめて広く量もまた膨大であった。「天才的な把握の力、人の意表に出づる着想、寸鉄骨を刺す批判、閃光透徹する洞察力」（赤松一九四八、序）をもった福田は、その「深き蘊蓄と徹底せる論理、気魄と能弁」によって、教壇を通して、そして教壇を出でて、「聴講者に刺激と発奮を与え、彼らの間に学問討究の精神をみなぎらせた」（坂西由蔵 序、福田一九三三）。「アダム・スミスが世界の経済思想史において巨峯であり、そこから出発してもよいと同じ意味で……、日本では福田徳三から出発することにしてもよいかと思うのです」と赤松要は述べた（『一橋論叢』一九六〇年七月）。福田に一つの大きな起点をもつ日本の経済学、経済史、経済政策、社会政策等は、その理論と実践において相互に影響し合いながら発展し定着していった。それは、戦前の高商・商大系で、上田貞次郎がより実証的・実践的な経営学、産業経済学、経済・社会政策においてもったのと同様な位置を占めており、福田と上田は高商・商大系、あるいはそれを超えて日本の社会科学・経済学・経営学の大きな基礎とネットワークを築いた。

雑誌『改造』（一九三〇年六月）に河上肇とともに福田の追悼文を寄せた小泉信三は、「学問の開拓者、先進者として後進を刺戟し奨励するその特殊の才能と非凡の性格とに至っては遂に比類を見出し得ぬ所」であり、「わが国の経済学はたしかに福田博士に導かれて来たといって差し支えない」と述べた。小泉によれば、経済学の大概の領域は福田によって開拓され、大概の大問題は福田によって提起されたか、「重大」なものにされてきた。日本における理論経済学、数理経済学についても安井琢磨が言うように、福田はその「母体または温床」となった（安井一九四二）。

厳密な考証、原理的な探求の範を示した「トマス・ダキノ〔アクィナス〕の経済学説」のインパクトは強く、「学術的論文の典型と称さるべき」もの（左右田喜一郎、『国民経済雑誌』二八～二四）、「近世日本経済学のアンソロジーを飾る想華」(上田辰之助『著作集』二、二〇〇)などと評された。『国家学会雑誌』の編集委員として、若き河上肇はこの原稿を受け取るため初めて福田に会ったが、その河上を面喰わせたという。福田が定着させようとしたのは「科学としての経済学」、文献の厳密な考証や精細な分析にもとづく科学的探究の姿勢であった。それは、明治以降の日本の経済学の歴史における、福沢諭吉や田口卯吉、さらには天野為之らによる輸入、啓蒙の時代をこえるアカデミックな「科学としての経済学」の建設期の端緒であった。経済学の輸入をしっかりした地盤に植えつけなければならないという必要が考えられた時期に、その必用に応じて、福田は経済学を一つの科学として建設するということに全力を傾けた(中山伊知郎『全集』第一七集、五四二)。

福田自身は幕末以来の日本における経済学の歴史を四つの時期に分けている。第一期は輸入時代で、W・エリス著、神田孝平訳『経済小学』、福沢諭吉『民間経済録』などに代表される時期、第二期は、輸入されたイギリス流の経済学を咀嚼し日本の問題に当てはめた啓蒙時代で、田口卯吉、天野為之に代表され、第三期は、和田垣謙三、金井延に代表されるドイツ歴史学派導入の時代、そして第四期はその後で福田や河上肇の時代であった。福田がこのように述べたのは、一九一五(大正四)年末の田口博士贈位記念講演会における講演「経済学者中の偉大なる非経済学者」の一節であった(第四集、一四四二~一四四三)。福田は田口を尊敬し、幼少の頃から「鼎軒型の学者になりたい」(「鼎軒」は田口の号)と思っていた。福田によれば、田口は「経済学者中の偉大なる非経済学者」であったが、それは、『ロンバード街』の著者ウォルター・バジョットについて言われたことであり、J・S・ミルも「経済学者にして経済学者たる以外何者でもない者は決して良き経済学者ではない。社会現象は各互に働き合うものなるが故に、これを個々に引離してはその真相を得る能はず」と言っていた（『コント論』第一巻八五〜八六に引用）。バジョットは周知のように「心理解剖者」であり、「人間の了解者」であり、とくにイギリスの「金融ということの心理、その極意を掴んだ人」であった。福田によれば田口もそうで、田口は「歴史学のみの人でない、経済学のみの人でない、大なる心理学者」であった（第四集、一四四三〜一四四七）。

福田は一九一九年七月五日の『東京経済雑誌』創刊四〇年記念号に「東京経済雑誌の改造を希望す」という一文を寄せ、田口が時代の先覚者として創刊した当誌の偉業を引き継ぐことができるのは、今の時代の先覚者だけであると述べた。ここで福田は、人間の経済生活の根本に関わる思想的変遷について、①産業革命後のヨーロッパにおける富の生産本位主義、②一九世紀末の分配公正主義、社会主義経済論、そして、③生存権の認証‐生活保全主義、さらに、④第一次大戦後に第四の思想として創造主義‐解放の社会政策、産業民主主義が起こっていると述べている。これは福田自身の思想の変遷とも重なるように思われるが、こういう流れのなかで『東京経済雑誌』はその時代の使命を果たし、アダム・スミス生誕二〇〇年記念号（一九二三年七月一五日）を出して二ヶ月後に廃刊になった。その最終号は関東大震災が起こった一九二三年九月一日付であり、震災がなければもう少し長く続いたかもしれない。これと裏腹に、『東洋経済新報』は一九一九年一〇月から旬刊を週刊に拡大し、『ダイヤモンド』（一九一七年）、『エコノミスト』（一九二七年）などの創刊、『経済論叢』（一九一五年）、『経済学論集』（一九二二年）など大学の紀要が陸続と創刊された（杉原二〇〇一、二四〜二七）。

福田はまとまった厚生経済学を構築することはなかったし、厚生経済学の歴史に登場することもおそらくなかった。しかし、厚生経済という考えは、彼が学問を始めた頃、あるいは高商の学生時代からもっていた。福田は、厚生経済と社会政策をときに並べて使ったが、それは当初から、『労働経済論』に見られるように社会政策・実践性に傾くと同時に、「トマス・ダキノの経済学説」に見られるように科学性・学問性を追究するものであった。果実とともに光を求めてアリストテレスやアクィナスに回帰して、福田が思想的に到達したのは遺作となった『厚生経済研究』の序で自ら言うように、J・A・ホブソンの *Wealth and Life. A Study in Values* (1929) の立場に近いものであった。ホブソンのこの書は、A・C・ピグーの『富と厚生』(一九一二年) を批判した *Work and Wealth. A Human Valuation* (1914) とともに、ラスキンの "No Wealth But Life" を受けたホブソンの厚生経済学・人間福祉の経済学を代表するもので、ドナルド・ウィンチが遺作となった一八四八〜一九一四年のイギリス知性史をまとめた研究書のタイトル *Wealth and Life* (2009) に用いたものである。ピグーの「旧厚生経済学」からロビンズ以降の「新厚生経済学」、ケネス・アローの社会選択論にいたる厚生経済学の歴史では埋もれてしまったラスキン、ホブソンの厚生経済学・福祉の経済学の伝統のなかで福田の厚生経済研究を検証することが本書のねらいの一つである。

福田には、アルフレッド・マーシャルと同じように、経済的な豊かさとともに人の性格、徳の成長、「生活の質」・生の豊かさ (労働・仕事が生・性格形成に対してもつ重要性を含む)、物的富とともに性格・能力の発達を基礎に考える経済学の姿勢があった。科学的な厚生経済学というよりも厚生・福祉 well-being の増進を考え、社会改良を経済に結びつけるという歴史・倫理学派の思考が強かった。功利主義的・帰結主義的だと言われるピグー流の厚生経済学に福田は満足できず、ラスキン的、ホブソン流の生活・生（life）を基調とする人間福祉の厚生経済・福祉国家を構想し、そのための政策、制度設計を追究したように思われる。

福田は一九一九〜二〇年という『改造』・『解放』の時代に堺利彦のような「わが国社会主義者の首領と絶縁」し、河上と異なるスタンスを明確にしていく。ボルシェヴィズムが隆盛になっていく中で、福田はイギリスの最初の労働党内閣の成立（一九二四年）に強い期待を寄せ、「獲得社会の転覆でなく、その進化的改造」（第一〇巻一一一）を求めた。それは基本的には上田貞次郎のスタンスとも重なるものであり、資本主義観をかなり広義に理解すれば、ほぼ同じ時期に『自由放任の終焉』（一九二六年）を公刊したケインズの立場とも重なるものであろう。資本主義が危機に直面するなかで、そしてマルクス主義と国家主義、やがて戦争の陰にしだいに覆われていく昭和戦前期以前の大正・昭和初期の文化・生活主義の時代に厚生経済、福祉国家を構想した福田の思想的な復権を考えてみたい。(5)

注

（1）農商務省による労働代表選定協議会（九月一五日に開催、高野岩三郎を含む三人の候補者決定）の選考に対して、九月二〇日友愛会主催労働代表官選反対労働者大会が開かれ、福田は「世界は欺くべからず」を講演、治安警察法第一七条を維持したまま国際労働会議に代表を派遣するのは「世界を欺くもの」だと痛烈に批判した。高野は吉野作造、矢作栄蔵らの説得を受けて労働代表を受諾していたが、福田は九月二五日高野に対して「俺は貴様と二〇年来の親友関係を続けて来たが、労働組合のこの立場を無視して、しいて政府に義理立てして出かけてゆくようなら、今日限り公私共断然絶交だぞ」と切言した。高野は翌二六日、矢作栄蔵、森戸辰男を通じて農商務省に受諾撤回を通知し、三〇日に労働代表の辞退声明を発表すると、山川総長に経済学部教授の辞表を提出し一切の官職を辞した。高野による労働代表委員の受諾から東京帝大教授辞任まで発展した労働代表問題は、「わが国労働運動史に一時期を画する大事件」であった（『著作集』第一六巻二一四～二一五。大島一九六八、一四八～一五七）。

（2）既存の大阪高商、神戸高商は、それぞれ一九二八年、一九二九年に商大に昇格した。

（3）なお、『資本論』の最初の邦訳は、福田の専攻部ゼミ生であった松浦要（一九一四年卒）による『全訳資本論――経済学の批評』（第一、二冊、一九一九年九月、一二月、経済社出版部）で、第一巻第一～三編までの邦訳であった（鈴木前掲、八～九。『河上肇全集』第一一巻、「三種の『資本論』邦訳」）。高畠素之による全訳の作業も一九年に始まり、二〇年六月から福田校注のもとに『マルクス全集』（大燈閣）第一～九巻として刊行され始め、二四年に完結した。この大燈閣版は、新潮社版『資本論』（一九二五～二六年）で訳文が訂正され、さらに新改訳である改造社版『資本論』（五冊、一九二七～二八年）となって定着した（土屋保男「『資本論』邦訳をめぐって」『経済』（一九六七年五月臨時増刊））。

（4）その時の職業調査を助けたのは、助手になったばかりの中山伊知郎で、その下に世話役の杉本栄一、美濃口時次郎、山中篤太郎らがいて、「まだ成長期前のような学生たちは、先生や先輩の指揮で、いろいろな仕事を」やった。また、「そろばんの川村貫治先生が集計事務を買って出られたこと」に、「みんなが感激した」。世話役の杉本、美濃口、山中といった人々は、「その後、間もなくSPSの中心になって」活動し始めた（「SPSを語る（福田先生の指導下で震災罹災者職業調査に当たる）」佐野久綱談、『花開く東京商科大学』一一九）。SPSは、終章で述べる「社会思想の会」である。

（5）上田貞次郎は、『自由放任の終焉』について「ケインスの社会改造論」という紹介文を書いている（『企業と社会』第八号、一九二六年一一月）。「実行的経綸」、「実際的経綸」を重んじる上田は、ケインズと同じように「現に起りつつある進化の事実」を重視する。イギリスで鉄道の国有を主張する如きは「最も無意義なこと」で、鉄道はすでに「自ら社会化しつつ」あった。「この自然の進化の大勢を利用しなければならぬ」のであり（上田貞次郎『全集』第七巻、二九〇）、上田は「ケインス対ウェッブ」（『企業と社会』第九号、一九二六年一二月）においても次のように述べている。「官僚制度を寛容し民間の自主的運動に冷淡なウェッブは、ケインズのようにイングランド銀行がそれ自ら社会化して行くことに着眼しないで直ちに銀行国有を説く。この意味においてウェッブはやはり社会主義者である」（『全集』第七巻、二九五）。なお、上田貞次郎と福田の自由主義観の相違（イギリス的とドイツ的）について、「座談会　日本経済学の中期を語る」における上田辰之助の発言（『経済往来』一九四三年五月）等も参照のこと。

# 第1章　高商・留学時代とブレンターノ＝福田共著『労働経済論』

## 1　明治二〇年代の福田と日本の経済学研究

遺作となった『厚生経済研究』の序で言うように、「そもそも厚生経済と云う考え方は、私（福田徳三）が経済学を始めて以来、多少はもっていた」（第一九巻（三））。福田の教えを受けた中山伊知郎や山田雄三が後に明らかにしているように、労働問題を中心に発展した福田の厚生経済思想、社会政策思想は、最初のドイツ留学中に、彼がわずか二六歳で公表した著書『労働経済論』にまで遡る。あるいはその序で自ら言うように、福田は、「労働条件と生産力との関係」を中心にした労働者厚生・社会厚生的な考え方を高等商業学校の学生時代からすでにもっていた（第一四巻一二四〜一二五）。それは彼の経済・経済学研究の大きな原点であり、『労働経済論』は基本的にルーヨ・ブレンターノの著作の翻訳であるが、効率賃金仮説的な議論を含み、日本では非常に先駆的であったと思われる。このブレンターノの著作は、一八六〇年代末から七〇年代初めにおけるイギリス古典派経済学の衰退、J・S・ミルの賃金基金説撤回、ブレンターノ、J・M・ラドロウ、そして若きアルフレッド・マーシャルによる高賃金の経済、新しい労働者観の形成という時代の流れのなかで書かれ、その後の時代をつくるものであった。アルフレッド・マーシャルは『経済学原理』第六編「国民所得の分配」の第一章で次のように述べている。「高い賃金を支払われている労働は一般に能率が高く、したがって費用的には高い労働ではないという事実に絶えず一層の注意が払われるようになった。この事実は、我々が知っている他のどんな事実よりも人類の将来に大きな希望を持たせるものである」(Marshall 1961a, 510: 訳Ⅵ、九)。

福田徳三は、一八七四(明治七)年一二月二日、東京の神田に生まれた。神田大火の後、京橋木挽町に移り泰明小学校に通い、島崎藤村が同窓であった。福田は慈母・信子の影響で築地の神栄教会に通い、一二歳の時に洗礼を受けたクリスチャンで、一四歳の時に自分を育ててくれた母親を亡くした。泰明小学校を卒業して、東京商業学校附属商工徒弟講習所に入学し、一八九〇(明治二三)年には神田・一ツ橋の高等商業学校に進んだ。一七~一八歳の頃キリスト教青年会員として活躍し、自ら語るところによると、「貧民伝道を志し芝の新網へ日曜毎に行って説教し……また校内YM〔YMCA〕で学友伝道をやってだいぶ導」いたという(『追憶』四五に引用)。

福田が「抑《そもそ》も筆を執って世に公けにした最初のもの」は、彼が「幼時から度々説教を承り、〔洗礼を受けた〕植村正久先生と共に、心底から渇仰しつつあった師家」ノックス教師の神学講義の翻訳『インスピレイション』の説」であった(第四集附録二)。G・W・ノックスは長老教会派のアメリカ人宣教師で、一八七七年に横浜に着き、築地の神学校で教え、アーネスト・フェノロサの後、東大でも講義をした。明治学院の創設(一八八七年)に関わり、慶應義塾でも教え一八九三年に帰国した。福田は、泰明小学校で同窓であった先輩島崎藤村の親友である北村透谷によるノックス教師の神学講義の翻訳と二文を収めて、神学研究会の『神学研究講義録』（第一号、一八九二年）を作り上げた（第四集序、一～二）。福田はキリスト教に帰依した母親の感化の下に家庭でキリスト教的訓練を受け、泰明小学校卒業に際しては、前年に亡くなった母の遺志を尊重して、神学校に入り牧師になることも真剣に考えたという。これは断念したが、福田は終生、聖書を愛読し、「常にプロテスタントでもカトリックでもない所の一介のキリスト教学生をもって自ら任じ」、ドイツ留学以前からすでに「濃厚なるキリスト教的修養が浸潤していたことは疑いを容れざる事実」であった（上田辰之助『著作集』二、五八七）。

　高等商業学校に入り本科三年に進級した福田は、坂田重次郎とともに栃木、群馬、長野から北陸地方にかけて商工業の実情視察の修学旅行をし、『群馬県附栃木県足利長野県修学旅行』（修学旅行報告書第一巻、一八九四年一月）を提出した。福田が書いた修学旅行報告書第一巻は、群馬および栃木（足利）の養蚕製糸織物業と長野の製糸業の実情、分析を中心とするものであった。二五九頁からなるこの報告書は、第一章が汎論で、生産、交換、消費、分配を論じ、第二章各論は足利、桐生、富岡製糸などを扱っている。汎論ではすでに「マーシャル氏経済学ノ原理」にしばしば言及し、生産要因の第二款「資本（企業）」における「生産組合」の項では、生産に従事する者の「徳義心」を重視し、「徳義ヲ以テ経済的生産ニ何ノ関ハル所ナシトスル事到底今日ニ行ハル可キノ説に非ス一国徳義ノ進歩ハ即チ一国生産ノ進歩ヲ誘導スル所以ノモノナリ」と結ばれ、ヘンリー・シジウィック『経済学之原理』第三編第九章「経済学ト個人的道徳」、マーシャル『経済学ノ原理』第一編第一章が参照されている。福田はまた第三款「労働」において、「労働者ノ取扱及管理」について次のように述べている。「労働者ニ其自己ノ状態ヲ改進セシメンニハ先ズ精神ノ修練ヲ要」し、「労働者殊ニ若年ノモノニ向テハ普通ノ教育ヲ授クルコト今日ノ急務」で、「夜学校ヲ設ケ普通ノ教育ト兼テ其専門ノ職業ニ関スル教育ヲ与フル、尤モ必要」であった。さらに、「国家ノ力ニ頼ラスシテ企業家ノ徳義心ニ訴ヘテ之レカ義挙ニ出ンコトヲ望マサルヲ得ス之レヲナスコト企業家ノ徳義心ヲ要スルコト、尤モ切ナリ」として、伊勢崎の製糸家、徳江八郎をその模範として讃えている。

一八九三（明治二六）年、高商の本科三年に進んだ福田は、「校命を承けて修学旅行の途に上るや、実際について聊《いささ》か得るところあり、当時既に一文を公にして識者の教を請はんとするの念熾《さかん》なりしかども、浅薄の見を取て直ちに鳴呼《なるこ》の言をなすの可ならざるを思いこれを篋底《きょうてい》に蔵め了れり」。一八九七（明治三〇）年、文部省の命により留学しブレンターノのもとで研究を進めるや、「偶《たまたま》一書を得たり」。すなわち、『労働賃金、労働時間と労働効程との関係』で、「執ってこれを読むに頗《すこぶ》る会意の論、数年来の疑問その大部分を釋《と》くことを得た」のであった（第一四巻一二四〜一二五）。

福田の盟友であった関一（東京高商教授から一九一四年に大阪市の助役、市長に転じた）の「追憶」によれば、福田の学問の根底が築かれたのは、彼が神戸商業学校教諭を辞して一ツ橋の高等商業学校研究科に入学した研究科時代（明治二八〜二九年）であった。アマースト大学で研鑽を積んだ英語学者、神田乃武（神田孝平の養子、東京帝国大学文科大学教授であり、高商で英語学を教えていた）の恩を受け、英語を教えて辛うじて学資を弁じた研究科時代の一年（福田は『労働経済論』を神田乃武に呈している）は、「精神的には非常に幸福であった様で」、「浩瀚《こうかん》なるロッシャー経済学数巻を精読して歴史派経済学に興味を有するに至った」のはその時代であった。当時の研究科（後の専攻部）は福田の入学まで「一人の学生もなく一人の教授もなかった」ので、福田は進んで和田垣謙三（東京帝大法科大学教授、高商で講師として商工歴史を教えていた）の指導を受けて英語の卒業論文“Commercial Crises and Depression of Trade”（一八九六）を提出して研究科を卒業した。その一八九六（明治二九）年は、山崎覚次郎、桑田熊蔵らによって社会問題研究会（社会政策学会）が結成された年でもあるが、明治二〇年代はミルやヘンリー・フォーセットを中心とするイギリス流の自由主義経済学からドイツ歴史学派・社会政策学派へという日本における経済学の転機であった。

　福田は一八九四（明治二七）年に高商本科を卒業し、関一とともに神戸商業学校教諭に任命されたのであるが、その当時「マーシャル先生の経済学原論は君〔福田〕の愛読書であった」という（『如水會々報』一九三〇年六月）。明治二〇年代に福田や関がどの程度マーシャルを読んでいたのか定かではないが、関が本科三年の一月に書いたと思われる読書ノートに「マーシャル氏原著経済学抄録――共済主義ヲ論ズ、『コーオペレーションズヲ論ズ』」と題する三五頁のメモがある（天城山人という筆名で書かれた関一の「書窓余録」は、大阪市史編纂所の「関一資料」に所蔵されている）。関のノートは、東京専門学校（早稲田大学の前身）の井上辰九郎がマーシャルの *Elements of Economics of Industry*（1892）の翻訳をしていた時期とほぼ重なっている。一八九六（明治二九）年七月に初版が出た井上の邦訳『経済原論』は、一九〇二年には改訂一一版が出るベストセラーとなった。井上は第三版と四版を、一八八五〜八六年にマーシャルのもとで学んだ添田寿一を介してマーシャルに送り、それに対してマーシャルは丁重な礼状を書いている。奇妙なことにその邦訳の序文（「経済原論原序」）は、早くも一八九二年頃にマーシャル『経済学原理』を読んでいた塩沢昌貞（R・T・イリーのもとで博士号を取得し早稲田で教えていた）による『経済学原理』序文の翻訳であった。井上は田尻稲次郎のもとで学び帝国大学を卒業後、一八九〇年から九七年まで東京専門学校で教え、すでにウィルヘルム・ロッシャーの『国民経済の体系』（全五巻、一八五四～九四年）の第一巻『国民経済の基礎』の講述をした『経済考徴』（一八九四年）を出版していた。早稲田では、「マーシャル氏著経済原論を評論す」[1]がすでに一八九三年度の政治科一年講義参考課目として利用されていた。一八八六年の帝国大学令によって帝国大学となった東大はドイツ歴史学派の波及の中心となり、一八八七年に創刊された『国家学会雑誌』がその大きな媒体であった。日本で最初の経済学教授フェノロサを継いだ和田垣謙三が先駆者的な論文「講壇社会党」を同誌に載せ社会政策主義を唱えたのは一八八八年であった。

### 金井延とドイツ、イギリスの講壇社会党（社会政策学派）

一八七六年は『国富論』出版一〇〇周年の年であるが、一八七〇～八〇年代はイギリス資本主義と経済学の転機を画し、自由放任主義から新自由主義、社会的自由主義へ、世界の工場から福祉国家・福祉社会へ、福田流に言えば、生産本位主義から分配公正主義へ、さらには生活保全主義へという転機であった。J・A・シュンペーターも『経済分析の歴史』第四編「一八七〇年から一九一四年（及びそれ以降）」の分析的研究で言うように、「社会改良における新しい関心とか、『歴史主義』の新しい精神とか、経済『理論』の分野における新しい活動とかが、その力を発揮し始めたのは、まさに一八七〇年の頃」であった（Schumpeter 1954, 753: 訳、下三）。限界革命、新古典派経済学の形成・発展の時代であるが、社会理論における広範で根本的な変化を強調することも重要で、この時代はドイツ歴史学派、歴史・倫理学派、社会政策学派が発展して、国際的に波及するなかで経済社会学が構想され、また福祉国家・福祉社会の礎石が敷かれる時期でもあった。ドイツ、アメリカ、そして日本のような後発資本主義国家では、後者のアプローチがはるかに強く、日本の社会政策学会もその一端であった。

ドイツ歴史学派の導入と定着、日本の社会政策学会の創設・発展に多大な貢献をした金井延も、一八八五年に東京大学を卒業し、カール・ラートゲンの指導で統計年鑑の翻訳等に従事しながら、ドイツ留学前にマーシャル夫妻の『工業経済学』(*Economics of Industry*)の翻訳に着手した(おそらく完成はしなかった)。金井は留学中に何度かマーシャルに会い、彼の著書から相当の影響を受けたようで、帰朝後の彼の講義が「マーシャルに似て」いて、とくに原論の部分は「マーシャル教授の書に御依りになったものが少なくなかった」という。参考書も「英書の内ではマーシャル教授の著書を最御推揚になった」という(河合一九三九、四六、三一三)。金井から見るとマーシャルと歴史学派にはおそらくかなりの共通点があった。

金井は一八八六年の秋から約一年ハイデルベルグに滞在し、その間にカール・クニースらに学び、次の一年はハレのヨハネス・コンラートのもとで学び(コンラートのセミナーでマーシャルに会ったという)、その後ベルリンに転じ、三年目の一八八九年八月ロンドンに移動した。ドイツで社会問題への注意を喚起された金井は、ロンドンのイースト・エンドに通い貧民の生活を調査し、トインビー・ホールに起臥《きが》してそこの社会事業を研究した。当時の金井が最も感激したのはチャールズ・ブースの貧困調査であったという。またアーノルド・トインビーに深く傾倒し、コンラートの演習で「相知の間柄」であったマーシャルもしばしばトインビー・ホールに来泊したので、たびたび会談したようである。

「双方朝寝坊のために十時頃に起きては、お早うの挨拶を交わした」という（河合一九三九、六〇）。

金井は一八九〇（明治二三）年一一月に帰国し、すぐに法科大学教授になり、翌年には二六歳で法学博士の学位を得ている（ちなみに福田の法学博士は一九〇五（明治三八）年、三一歳の時であった。一橋で二番目の法学博士は教授職をやめ実業界に身をおいていた村瀬春雄（一九〇七（明治四〇）年）であった）。社会問題が帰朝後の彼の課題であったが、労働問題は時代の問題であった。金井は帰朝後間もなく、当時の学界を支配していたミル、フォーセット、H・スペンサーの影響について、こういう旧派の経済学から脱却せねばならないと喝破したという。これは、「今や年齢二五歳以下の青年は、ミル、スペンサーを擲《なげう》って、カント、ヘーゲルを繙《ひもと》かざるべからず」と唱えたT・H・グリーンを思い起こさせる。金井は一八九一（明治二四）年の『国家学会雑誌』（一〜三月）に「現今の社会的問題」を掲載し、『東洋学芸雑誌』（五月）に「経済学の近況と講談社会党」を載せた。金井のトインビーへの傾倒とマーシャルの評価が、後者の第二節「イギリスにおける経済学の近況」に詳しく、かつ興味深く述べられている。

## 2　ブレンターノ＝福田共著『労働経済論』

「高商の学生たりし頃、常に一度はロッシャー先生の講義を聞く身になりたいと念じていた」福田は、商業学・商業史研究のため三年間の留学を命ぜられ、一八九七（明治三〇）年五月五日ライプチヒに到着した（杉本栄一訳、ロッシャー『英国経済学史論』への福田の序文）。すでにウィルヘルム・ロッシヤーは逝去していたが、福田はそこでカール・ビューヒャーに学び、秋からミュンヘンに転じてブレンターノに師事した。高野岩三郎は、一八九九年八月ミュンヘンに着いて秋からマイヤーに師事した。周知のように、そこで福田は博士論文“Die Entwicklung der Wirtschaftseinheit in Japan”（1900）を提出する。それは *Die gesellschaftliche und wirtschaftliche Entwicklung in Japan*（Münchener Volkswirtshaftliche Studien, herausgegeben von Lujo Brentano und Walther Lotze, 42, Stuttgart: Cotta, 1900）として出版され、ブレンターノは同一九〇〇年一二月の雑誌『ロートゼ』（*Lotse*）に小文「日本論」“Japan”を書き、福田と『日本経済史論』を好意的に紹介した。[2]

福田はその前年に、ミュンヘン大学教授ルーヨ・ブレンターノ、在ドイツ・ミュンヘン大学福田徳三共著『労働経済論』（同文館、一八九九年一二月）を公刊している。福田の処女作ともいえるこの書は、ブレンターノの論文「労働賃金、労働時間と労働効程との関係」（“Über das Verhältniss von Arbeitslohn und Arbeitszeit zur Arbeitsleistung”, *Holtzendorffs Jahrbuch*, IV 1875; 2nd ed., Leipzig 1893）の翻訳を第二部、福田の長い「序論」を第一部とするものであった。[3]

この『労働経済論』にはさらに福田の「序」がついているが、それは、後年に中山伊知郎が恩師の生誕百年を記念する講演「厚生経済学と福田徳三」で指摘しているように、その後につながる福田の問題意識と射程を示していて非常に興味深い。中山によれば、そこに福田の「厚生経済学の考え方の最も最初の問題が、深く労働問題と結びついているということがよく出て」いた（中山一九七八b）。（『労働経済論』は山田雄三編、福田徳三『厚生経済』にも抄録されている）。一八九九年二月二一日付の「序」によれば、それを公刊する意図は、「労働に関する最近の学説ことに労働条件と生産力との関係に関する師ブレンターノ氏の所説を我が邦の識者に紹介し、我が邦における実地についてさらにこの学説を精査し、はたして我が邦の労働は欧米諸国にては今日一般に認識せらるる通則に一致するや、将亦《はたまた》特殊の除外例をなすやの研究を促さんとする」にあった。また「〔ブレンターノ〕先生の最も希望せらるる所は、労銀はなはだ低廉なる日本において、果して本書論ずる所の学理を適用し得られるべきや否やを、実際の事実について考究すること」であった（第一四巻一二四～一二五）。

この問題は「経済学中最も重要なるものの一つ」で、福田はすでに高商在学中にそれを研究し、既述のように修学旅行で製糸織物業の実際について得るところがあり、一文を公にしようとしたがなし得なかった。「我が邦において労働条件と労働生産力との関係を精究し、その果して本書に説く所の一般の学理に適合するや将亦然らざるやを知るは、啻《ただ》に経済学の純理に寄与する所多かるべきのみならず、また我が邦工業行政上実地工場経営上すこぶる有益の研究たるべきを確信す」（第一四巻一二四～一二六）と福田は述べている。このことは、実地においてはすでに留学中のクルップ社などの見学、帰国後は鐘紡や倉敷紡績などの工場経営へのアドヴァイスに表れることになった。帰国後のブレンターノ宛書簡第一信（一九〇一年一〇月一四日付）では、東京の大手印刷所の経営者が、ブレンターノの「学説を実践の場で証明しようと試みて」いること、それが新聞紙上での論争を呼んだことが報告され、福田はこの論争から得られたことを、ブレンターノの著書の「波及効果としてヨーロッパで公表したい」と書いている。また、ブレンターノ宛書簡（一九〇三年一一月一九日付）によれば、福田は「とうとう東洋最大の綿紡績工場〔鐘淵紡績〕を先生の御構想の側に誘い込んだ。」鐘紡は、労働時間をまず三〇分短縮し（一三時間三〇分から一三時間に）、これが「非常に成功した」ので、さらに一時間短縮し、目下一二時間にしている（三〇分の昼食休憩を含む）。同社には会社側が三分の一を助成している疾病金庫、食料供給サービス、託児所、共同洗濯室などの福利厚生施設があり、代表取締役が福田にその改善・拡張について助言を求めていた（福田二〇〇六、二〇〜二一、七六〜七七）。

福田は「序論」で、生産要素のうちとくに労働、一国の労働生産力について、それを規定するものは、その国の人口（生産年齢）、国民の健康、労働能力、労銀の高低および労働時間の長短だという。そして、労働条件の良否は労働能力だけでなく労働心の強弱を支配するとし、また技術と経済、技術と労働効程の増進について述べ、労働条件と生産力との関係の学理的研究が重要だと主張する（第一四巻一五一〜一五三、一五六〜一五七）。ジョン・レーの『八時間労働論』（一八九四年）を引用しながら、福田は次のように論じる。原料、機械等の生産要素は各国で均一に近づく傾向がある。しかし、労働の生産力だけは、国が異なるにしたがって均一にすることが困難であった。今後、世界市場の競争で勝敗を決する最重要の条件は、この労働生産力の一点に帰着する。すべての他の生産要素は各国で均一に帰する傾向があり、これら各要素をもっともよく応用しうる国こそ、世界市場に勝を制することができる。生産要素をよく応用するには「強壮怜悧《れいり》にして生産力に富める労働者を有する」以外になく、労働生産力を増加しうる道は労働条件の改良によるほか道がない。そしてトマス・マコーレーの言は「同一真理を道破した」ものだと言う（第一四巻一五七〜一五八）[4]。

ブレンターノの論文は一八七六年に最初に出版されたときは二三頁の短いものであったが、その後この問題について多くの研究が現れ、それらを参照し改訂した第二版（一八九三年）は本文一〇三頁におよび、福田の翻訳はこの第二版の翻訳であった。ブレンターノは早くからイギリスの労働問題を研究し、それをドイツと比較して、ドイツがイギリスのように繁栄するためには、もっと賃金を高くしもっと労働時間を短くしなければならないと考え、高賃金と短い労働時間は、高い労働の能率につながるということを論証しようとしていた。イギリスとの関係が深いゲッチンゲン大学でスミスやミルの経済学を学んだ後、プロイセン統計局に入ったブレンターノは一八六八年に統計局長エルンスト・エンゲルとともに渡英し、キリスト教社会主義者J・M・ラドロウらの協力のもとに労働問題・労働組合の調査をし、『ギルドの歴史と発展及び労働組合の起源について』（一八七〇年）、『現代の労働者ギルド』第一巻『イギリス労働組合の歴史』（一八七一年）出版した。(5)

一八七一年はイギリスで労働組合法が成立した年であり、一八七二年にはドイツ社会政策学会が設立された。マーシャルの労働問題研究もほぼこの時期に遡り、マーシャルは一八七三年の「労働者の厚生に直接関わる経済問題」と題された"Lectures to Women"（Raffaelli et al. 1995 所収）でミル、ラドロウ、ブレンターノ、オクタヴィア・ヒルらの著作を用いており、かなり問題意識を共有していた。同年にマーシャルは『労働者階級の将来』を出版し、T・R・マルサスやD・リカードのような旧派の経済学者とは非常に違う新しい労働者観・労働観を示した。

マーシャルは、初期の女子学生への講義で、しばしば「ヒル嬢の原則」に言及しそれを讃えた。貧者には、貨幣や財をやるよりも、仕事を与える方がはるかによいというヒルの議論にマーシャルは賛成であった。というのも、本当に大事なことは、「各人が自分の生（life）について自分の考えをもち、それを全うする自由をもつ」ことであった。ロンドンの貧者は、自分のもてる力を切り開く（開発する）必要があり、それによって彼らは「喜びという高貴な資源」（noble sources of joy）をもつことができる。それゆえ、マーシャルは若き女子学生に向って、人間は「知的資本」であって、生産的になるようにしなければいけないと教えた。また慈善の大きな事業の一例として、ベスナル・グリーン博物館の開館に触れ、アルバート・ホールの安いコンサートは、「喜びという高貴な資源」になると述べた（Raffaelli et al. 1995, 147-149, 118-119）。

　マーシャルは『労働者階級の将来』において、「労働者とジェントルマンとの社会的な差異がなくなるまで、少なくも職業において誰もがジェントルマンになるまで、進歩は遅々としてではあっても着実に進まないのかどうか」という問いを提起し、「進むであろう」と答えた（Marshall 1873, 101-102: 訳194-195）。マーシャルは、ある人が労働者階級に属するというとき、「彼の労働が、作る物に対して生み出す効果よりも、彼自身に対して生み出す効果」を考えていた。ある人の仕事が彼の性格に教養と洗練さを与える傾向をもつなら、彼の職業はジェントルマンの職業と言え、他方ある人の仕事が彼の性格を粗暴で粗野にしておく傾向があれば、彼は労働者階級に属すると言えるであろう。「富というのは一般に、若い時の教育と教養、生涯を通しての広い関心と洗練された交友を意味する。そして富のもつ主要な魅了は、性格に対するそのような効果によるものである」。さらにいわく、「最善の意味での仕事、すなわち能力の健康で精力的な行使は人生の目的であり生活そのものである」(ibid.103-104: 訳一九六〜一九七。強調は引用者)。ここに見られるマーシャルの労働観、労働・仕事と生活・性格形成に関する思想は、後述するように、ジョン・ラスキン、ホブソンの労働観とも共通するものがあり、都留重人がラスキン、モリスを介して言う「労働の人間化」（労働・仕事がwelfare になる）、「生活の芸術化」とも重なるように思われる。それは、福田の基本思想である労働の「非商品主義化」「非貨物主義化」、要するに「労働の人間化」、それを超えた創造の喜び、解放の社会政策にも繋がるものであろう。A・C・ピグーが著名な「厚生と経済的厚生」の章(『厚生経済学』)で、非経済的厚生について述べていることも想起される。いわく、「人間が感じたり考えたりするその仕方が、そのまま厚生の一部分をなしている」。意識生活は多数の要素の複合体で、経済的厚生は満足・不満足のある限られた局面にすぎず、「非経済的厚生は、所得を獲得する態様如何によって変化しがちで、仕事の環境が生活の質に反作用を及ぼすからである」(Pigou 1920, 13, 14: 訳I一五、一七)。

ブレンターノによれば、社会改革の時代に際し現今もっとも重要な問題は、労働者の経済上の利益を保護するための団結および労働保護立法に関するものであった。この問題について、一方にはこれを熱心に望み奨励する者があり、他方でこれに対する強い反対があった。そこで、「労働団結および労働保護法律の結果として来る労銀の上騰、労働時間の短縮が生産費を増加せしめ、よってもって国内諸工業が世界市場における販売力を失うに至らんとの恐怖にして学理上排除し尽される」に至れば、労働保護に対する障害に打ち勝つことは比較的容易であった。いわく、「祖国永久の繁栄および強大《アルファ》を心とする人々に向ては、労銀・労働時間の生産力における関係の研究は、社会改革上の諸問題の始にして而して終《オメガ》なり」(第一四巻一八一〜一八二)。

ブレンターノはこの問題をまず経済学説史的に検討し、従来の定論に反し、「高き労銀は大なる生産力と同一義なり」との説を精到に立てたアダム・スミスを高く評価し、その後の高賃金論を紹介する(第一四巻一八三〜一八四)。労銀の引き上げは、労働者の生産力ならびに道徳力を増進させる。スミスによれば、「高賃金は勤勉を奨励する。労働の豊かな報酬が普通の民衆の増殖を促進するように、それは民衆の勤勉を増進させる。労働賃金は勤勉への刺激剤であって、勤勉は、人間の他の性質と同じように、刺激を受けるのに比例して向上する。豊富な生活資料は労働者の体力を増進し、自分の境遇が改善され、おそらく晩年には安楽で豊かにしていられるであろうという楽しい希望があれば、それが彼を鼓舞し、その力を最大限に発揮させる」。また、労働の賃金の増加は、多くの商品の価格を増進させるが、労働の賃金を引き上げるのと同じ原因、つまり資本の増加は、労働の生産力を増進させ、より少量の労働でより多量の製品を生産させる傾向があった(6)。

他方、シュルツェ－ゲーファーニッツは、ますます増進する労銀と減縮する労働時間とのために、イギリスの綿紡績業が危うくなるようであるにも拘らず、大陸諸国が到底企て及ぶことのできない程度にまで進歩している状態を最も明確に叙述した。またJ・シェーンホフは『高賃金の経済』（一八九二年）で、アメリカとヨーロッパ諸国の工業の生産費を綿密に比較研究し、「最も低き労働と最も長き労働時間を有する国々は最も高価に生産する事」、かくて「労銀のいよいよ高く労働時間のいよいよ短きにしたがい労働費はいよいよ減ずること」、アメリカは毛糸製造業を除いて、労銀高くして労働の価もまた安いこと、大陸諸国はいうまでもなくイギリスにさえ勝ることを明示した（第一四巻一九二一～一九三）。

こうして、学説史の検討およびイギリス綿工業の実態、各国諸工業の比較研究によって、「労働時間の労働生産力における関係は、労銀の労働生産力におけると全く同一なること」、「高き労銀と短き労働時間は遥かに勝りたる労働効程と相伴いて離れざること」が示された（第一四巻二一一）。生涯にわたる恩師となったブレンターノとの共著である『労働経済論』は、福田がときに「社会政策」と呼び、ときに「厚生経済」と呼んだ経済思想の一つの原点であったと思われるが、次のように結ばれている。「ここに一つの喜ぶべき事実は、数百萬の蒼生をはるかに高き文化の度に高むるの分を有せる社会的改革は、また国民の経済上、政治上の優勢の確定を招致するの力ある事、これなり」（第一四巻二四四。強調は引用者）[7]。

## 『労働経済論』と日本、生産的社会政策

福田は、帰国一年後の一九〇二年一一～一二月に「我邦経済政策の根本問題——労働時間短縮の生産力に及ぼす影響の一事例」（『経済世界』）という長い論文を発表した。それは、ごく簡単にいうと、「我邦経済政策の根本問題」を『労働経済論』の主張のなかで考え、ツァイス工場の経験・実験を「一事例」として示すものであった。福田はこの論文で、当時の日本の差し迫った経済政策として、大方の資本増強論（勤倹貯蓄と外資輸入）に対して、生産力を増加すべき社会政策あるいは経済政策という意味の長期的な「生産的社会政策」を求めた。生産的社会政策とは、労働時間の短縮と賃金の増加を内容とし、労働者の状態を改善し生活程度を高めてその生産性を向上させることを目的とした（第五集、一四二一～一四二三）。このような考えは、『労働経済論』における「労働効程」（能率）増進の主張であった。

当時の大方の考えは、貯蓄、外資の輸入に加えて「非常に安い労働」を利用することであり、労働時間の短縮、賃金引き上げは生産力を下げ、国力の進歩を妨げるのであった。社会的設備もなく、「労働時間は工場主の欲する儘にして」という状態に対して、工場法の制定などの社会政策があり、そし

て「社会多数に公平な富の分配」を欲する論者があった。しかし、いずれも、賃金の引上げ、労働時間の短縮は生産費を増加させ、生産力を下げ、「一般国民経済の利を害する」と考えていた（同一四二九～一四三二）。福田は「多年この問題に心を潜めた結果」、以下のように、「確信して明言する。」我邦の労銀が益々増加して労働時間が短くなるのは、任意に起こると工場法からくるとを問わず、我邦商工業の基礎を「鞏固確実ならしめる所以」である。工場法の制定なりその他、各般の公私の社会政策を実行して、労働者の状態地位を改善し生活の程度を高めるのは、博愛慈善の考えでなく、国民経済を進歩発達させ、我邦の富を増殖し、世界経済における競争力を強くする所以である。生産の利益と社会改良政策とは「全然相容れるもの」で、「相容れ相提携しなければならない」ものである。「社会改良問題のアルファたり、オメガたる労銀の引上げ、労働時間の短縮は一国の生産力を害しないのみならず、却てこれを増加せしめる所以なり」と福田はいう（同一四三三～一四三四）。

賃金を引き上げ労働時間を短縮すると、その国民経済が進歩の道程にあり、活気溌剌たる状態にある時には必ずその生産力を増加する。社会政策の目的である労働者の地位・状態を改善し、生活の程度を引き上げるということは、同時に一国の富を益々増加し、その国の経済の進歩を早からしめる所以であり、労働者という一部の階級の利益は即ち社会全般の利益と悉く一致している。「生産政策と社会政策とは少しも衝突しない」だけでなく、「両々相助け相俟って」いかなければならず、「分配ばかりを論じて生産あるを忘れる社会政策でなく、生産の利益にも合する社会政策というものを勉むるが経済政策の第一の義務」であった（同一四四一～一四四二）。

福田は、アダム・スミスの賃金論を再読して「積年の疑問が一部分稍々解け」、ブレンターノ論文・

小冊子を読んで「一夜にして積年の疑問が氷然として融けた」。それを研究し、統計や実例について検証を進め、「一点の疑いを起すこともなく」なり、『労働経済論』の出版に至った。その要点は「高き賃金と短き労働時間は一定の条件の下において多く生産の増加を来たす」ということであった。福田はこの問題に関する材料を集め、「近来得た実例の中で、殊に最も注意を惹いて好いと思う」のが、ツァイス工場でアッベが施した実例であった（同一四三八〜一四四三）。また鐘淵紡績会社の労働時間短縮の成果と武藤山治のことを附記している（一九〇六年一一月附、附記は『経済学研究』（一九〇七年）に収録）。「一学究の議論をも捨てないで我邦工業進歩改良の急先鋒たらんがためには、下聞を恥じず独立敢行するの勇気と自信とを有する武藤山治氏の如きあるを、我方工業界のために慶祝せざるを得ないと共に、この人に一任して安する宏量を有する企業者のあることを喜ばざるを得ない」と（第五集、一四五三）。

## 3 「立憲的工場制度」"Democratic Control of Industry"

### エルンスト・アッベ、ツァイス工場の社会的設備——「模範すべき工場」

福田は初期の論文「我邦経済政策の根本問題」（一九〇二年）で、ブレンターノ論文を読んで「一夜にして積年の疑問が氷然として溶け」て『労働経済論』の出版に至ったと述べ、ツァイス工場におけるアッベの事例を詳しく紹介している。福田はアッベが亡くなった翌一九〇六年に「エルンスト・アッベの為人竝に事業」という講演（三田理財学会）をし、また「エルンスト・アッベの社会政策上の遺稿」という訳文を、いずれも坂西由蔵の協力を得て、同年創刊の『国民経済雑誌』に載せた。ゲッチンゲン大学、イエナ大学で数学・物理学を修めたアッベ（Ernst Abbe, 1840–1905）は、諸大学からの教授職招聘を辞して、カール・ツァイス工場を技術的に指導し、経営者としても「一意専心」従事した。彼による労働契約は「社会的労働契約の典型」であり、福田はその人と為りを「社会的企業者の儀表〔模範〕なり」と讃えた（第五集、一六八七、一六八九）。

アッベによるツァイス工場における一年間の施行を詳細に紹介し、労働時間を九時間から八時間にした結果、生産額は増加し労働者一時間当りの所得が六〇・一九九ペニヒから七一・九〇〇ペニヒに増額（一六・二％）したことを示している。生産性が増大し効程賃金が増え、労働者一日の効程・能率は三〇分の一増進した（第五集、一七〇二）。福田によれば、アッペの労働問題に関する意見はブレンターノの「影響を被むること頗る大なる」もので、アッベは「労銀と労働時間とに関するブレンター授の説を実際上最も有力に実証」していた（同一六九三〜一六九四、一四四三〜一四四七）。アッベはドイツにおける「社会政策的労働保護の実際上の開祖」であり、社会的見地から「労働者階級の向上発展は歴史的の必然事なり」と考えた（同一六九七、一六九九）。彼は、「最大の労働効程を得べき最短の労働時間律」が必ずあることを推論し、この「〝Optimum〟を超過するときは必ず力に不足を生じ、かえって労働力を害する」ことを知った（同一七〇二）。

この如く人力の徒労は非常なる力の濫費にして、その経済上の損害は国民全体としてこれを見るときは、極めて甚大なるものにして、これによりて労働者の智力ならびに精神的活動力を失わしめしむること、濫耕によりて地力を涸らすに異ならず。故に国民経済上最良の方法は、八時間労働を措いて他にあることなし。これイギリス人がその競争者たるドイツの廉き労銀長き労働時間を以て毫も恐るるに足らずとし、これを以て民力の濫耕を意とせざる陳套《ちんとう》の制度なりと嗤笑《ししょう》して顧みざる所以なり。（同一七〇二）

アッベの社会政策は、要するに、「弱者に与う可きものは義手義足にあらず盾と武器」ということであった。彼の事に当るや、「広汎にして健全なる中等教育を育成することを以て、国利民福を進める最大の急務なりとし、労働者を以て貧民階級と同意義ならざらしめんとする」ことにあった（同一七〇三〜一七〇四）。

福田は、社会政策学会第一回大会（一九〇七年）二日目の講演会でも「『ツァイス』工場の社会的設備」について講演をした。社会的設備というのは、衛生的設備に対していわば「衛心的設備」で、身体そのものでなく「人間の心を守る人間としての取扱を如何にするか」ということであった。福田がクルップでなくツァイスを選んだのは、クルップが労働者に対するのは、労働者を対等の者とみてする設備でなく、「憐むべき一種の臣下とし」、対等人格ではなく「奉公人に対するお情けとしてやる」という精神に問題があるからであった。労働時間の短縮、一五年以上の勤続者に対する年金の支給、三年以上の勤続者で過失なく解雇された場合には半年間は同じ賃金を支給する、兵役その他家事で一時工場を休んでも、支障がなくなればいつでも工場に戻れる、刑事の懲役でも懲役から出てくれば再雇用する、その他、病災基金、等々。要するに、労働者は労働を提供して賃金を受け取るという関係の他は雇主との間に主従関係がない。労働者も「一のゼントルマン」であり、まったく対等の人間であるのであった（『社会政策学会史料集成』一、二二三～二二六、この講演大要が「模範す可き工場」として『読売新聞』（一九〇七年一二月二四日）に掲載された）。

ツァイスが成功して世界的な企業になったときに、アッベは工場に持っている自分の資産を寄付して財団法人にした。アッベ自らは一雇人になり、社員は皆雇人で、主人はツァイス財団法人という「無形の人格」であった。工場経営と生産額の分配は「マルで反対の主義」で、工場経営は「貴族主義」、雇人たる経営者による主任会議と監督員で決める。生産額の分配については、二四歳以上で三年以上勤続した者の平均賃金を基準とし、如何なる経営者・重役もその一〇倍以上の俸給を得ることはできない。それ以上に利益の配分はしない。基準たる平均額が高まれば重役の俸給も増える、低くなれば減る。労働者の所得が少なくなれば企業者の所得も減る。この財団法人には資本主はいない、いはば皆が資本主で、財団法人はその資本とそれが発行する債券を資本とする。これに対して如何に儲かろうが一年に四分の利子と危険に対する賠償一分を財団法人の資本額に対して支払う。債権所有者に四分を支払うが、利子も個人には配分しない、つまり資本主はいなく「資本の全体が財団法人に関係している職工総ての共同所有である」。剰余金は労働者一般の幸福を増進する設備と学問の進歩のために使う、大学への寄付金等になっている。利益の分配は極めて対等的均分的になっている（同二二二、二二六～二二八）。

## 立憲的工場制度

「労働非貨物主義の公認」に始まるパリ講和条約の国際労働保護法制は、一九世紀以来の、また総力戦であった第一次世界大戦を踏まえた労働者・労働の解放の主張であった。福田は、労働時間や賃金はもとのままでも、「力作」作業（骨折って働くこと）そのものを人間化できれば労働者にとって「大幸福、大解放」であると言う。さらに武藤山治を援用しながら、労働者をして経営上に参政権を得せしめ、「一工場、一経営を一の代議政治によって運営」する"Democratic Control of Industry"を主張した（第一六巻二〇三）。「労働問題とは他決労働問題の謂」であり、「要は自決要素を多くすること」、現業、すなわち当面の労働作業の決定に参加させること、「労働者の頭に直接かかっている事項に労働者をできるだけ参加させる、委員を出してこうしたら宜よろう、ああしたらよかろう、こうしよう、ああしようという決定にあずからせよう」ということで、いわば「工場における立憲政体」である（第一一巻六八～六九）。

労働問題とは他人決定労働と従属関係の問題で、要は自決要素を多くすることであった。他人決定労働を全然なくしてしまうことは望めないが、できるだけ自己決定の要素を多くする。「経営の参加」はこれに応じるもので、労働者を工場の経営に参加させるのは、自決の要素を多くするためであった。一九二一年の川崎造船所、三菱造船所の労働争議で唱道された「工場委員制度」もこの要求に応じるもので、企業に労働者を参加させるのではなく、現業すなわち当面の労働作業の決定に参加させるのであった。当面の工場委員制度は予算の審議権まで与えるのではなく、「ただ現在仕事をする現業についいて、こうもし、ああもしようという、その問題、すなわち作業規程（……ドイツ語の Arbeitsordnung）……に労働者を参加せしめる、雇主の方と労働者の側と両方から委員が出て相談をするのである。これは決して完全なる自己決定ではないが、少くとも全然他人決定によるのでなく混合決定によるのである。その点が他人決定の場合より、余程労働者の人格を尊重することになる」のであった（第一一巻六九）。

自己決定の要素を多くし労働者の人格を尊重することは、労働者の能率を高める要因である。単なる道具として労働者を働かせるのでなく、一人の人格者と見てその人格を尊重する、「人格的の要求を容れるには決定意志を働かしめなければならない。」憲法のない国はないであろうが、国家意志の決定に国民がどのくらい参加するか、その程度、範囲、種類、性質、時期などを大体に定めたものが憲法であり、この意味では工場にも憲法がある。給付の決定に労働者も参加させてもらいたい、共同決定にしてもらいたい。今までの工場は政治的にいえば専制政治であり君主独裁政治であった。「須らく我々にも参政権を与えて立憲制度にしてくれ」、これを「立憲的工場制度」または「工場立憲制」という（第一一巻七〇、七三、一三四～一三五）。

武藤山治氏の発案かと思うが、鐘紡では作業上、職工の意見を好んで採用する方針を取って、これを奨励している。これは営業利益増進のためにやっているのであるが、これを変じて労働者本位とし、かつ意見を採用すると云うに止まらず、必ず意見を陳述すべき権利と義務とあるものとし、一週一回とか毎月一回とか、職工議会を開いて（その時間は必ずこれを労働時間中に算入するを要す）差支えない限りは、その決議を待って作業場一切の事項を定め、工場長はその決議実行の義務あるものとすべきである。もしDirect democracyが実行不可能なら、Representative democracyとしても差し支えない。すなわち代表議員を選出せしめ、その議会に工場経営の主権を与うべきである。（第一六巻二〇四）

福田は、同じ論文でテーラーの科学的経営法を批判しながら労働の人間化を説き進める。テーラーの科学的経営法は「甚だしき誤謬」で、「労働の能率を高めるために、労働を全く機械的たらしめ」、頭を使う必要をまったく省くことを眼目としており、労働の人間性を「ますます減滅」し、「その商品性を更に強くインテンシファイするもの」であった（同二〇〇〜二〇一）。いったい労働が苦痛であるのは、それが力作だからではない。力作は人間の生理、心理上必用で、ある程度の力作は人間生存上の根本要求である。労働が苦痛なのは、それが「創意」を伴わないこと、「ただ機械的に力作に従い、「自分の頭を働かせ、物事を考えると云うことを許されぬ」ことであった。「労働非商品主義のまさに歓迎すべきは、力作作業そのものを人間化Humanizeするという一点になければならぬ。……時間や賃金は元のままでも、力作作業そのものをウント人間化することを得れば、これ真に労働者に取ての大幸福、大解放である」（同二〇一〜二〇三）。

力作作業を人間化すると云うは、労働者に物を考える余地を与うることから始めねばならぬ。殊に創意の余地を与えねばならぬ。インダストリアル・デモクラシーとはこの事である。それには労働者をして経営上に参政権を得せしめねばならぬ。一工場、一経営を一の代議政治によって運営せねばならぬ。これを名づけて Democratic Control of Industry と云う。企業の方面に関与せしめることは、今日の処、実行の望み甚だ乏しい、何となれば事実上不可能である。株式会社の株主さえ企業には関与せぬ、ただ報告を聴き取るだけで、実際帳簿の検閲はやらぬ、やり得ぬ、やっても効はない、かえって害がある、いわんや労働者においてをや。今日の資本組織の存続する限り、企業上の Democracy は実行不可能である。……これに反し、技術上、経営上、殊に実際具体的の作業は行おうとするならば、直ぐにも Democratic Control の下に置くことはできる。（第一六巻二〇三～二〇四）

なお福田は晩年、「産業合理化と資本主義の前途」（一九二九年）でテーラーリズム批判をまとめている。労働主体を機械的に取り扱い、「人間を物格化」したのでは永続的効果の見込みはなく、労働者の人格を尊重する「労働過程の人格的合理化」を主張する。集約化、能率化は、合理化の一手段に相違ないが、そのこと自らが合理化ではなく、能率増進、科学的経営、またはテーラリズムは、労働の能性を高めることに全力を注ぐけれども、これは「労働の経済」の「真諦を得た所以でない」という。そして、大原孫三郎の労働科学研究所に言及しながら、「労働生理の経済」、「労働心理の経済」を実現して、労働の効果を大きくすることが労働過程合理化の「根本思想」であり「指導原理」だと述べている。ドイツで『労働科学大辞典』が出版され、わが国でも大原が設立した倉敷の「労働科学研究所」は、きわめて有益な研究を続々発表していた。「同じ大原氏の立てられたものでも大阪の社会問題研究所は、マルクス研究には相当の成績を示しているようですが、社会問題の研究については、不思議にも同じ大阪の市役所の社会部の研究調査に比肩し得るほどの調査成績……を示しておりません。これに比しては、倉敷の労働科学研究所の業績は、実に驚異に値するのであります」。労働過程の合理化は、極端に申せば一つの「人間合理化」であり、一つの有力なる「人間経済」の実行であり、それとともに労働政策の一つの画期的変革を意味するのであった（第一九巻二五二〜二五五）。

## 武藤山治と松方幸次郎

ワシントンの第一回国際労働会議に日本の使用者側を代表して参加した武藤山治は、「雇主と従業員」(Employers and Workers) というアピールを提議し、英文の『鐘淵紡績株式会社従業員待遇法』（一九一九年）を各国代表に配布した。『従業員待遇法』は、国際的非難に応える意味もあったが、武藤の労使「共存」主義をよく表現していた。「疾病、年金、遺族扶助、職業教育、及び精神的教育その他に関する世界的立法の緊急な要請」という小見出しのアピールで武藤は次のように述べた。「企業の利益の相当の部分を従業員の福利のために割くことは、きわめて有効な投資であることを諸君に確言することができる。かくすることにより、雇主と従業員の関係、資本と労働との関係は、種々の場面において親密な友好関係となり得るのである」（『武藤山治全集』第二巻七九二。武藤については、山本長次『武藤山治——日本的経営の祖』（二〇一三年）も参照）。

英語、フランス語、スペイン語の三カ国語で書かれた武藤のアピールは、外国の代表者から好意的に受け入れられた。武藤は、職工から大臣になったイギリス政府の代表ジョージ・バーンズ（合同機械工組合の総書記を務め労働党議員から戦時内閣の閣僚になった）と個人的にも親しくなり、バーンズの自伝を翻訳している（武藤山治訳『職工から大臣へ――ジョージ・バーンズ自叙伝』大阪毎日新聞社、一九二四年）。このようなスタンスは、この会議の直後一九一九年一二月に発表された川崎造船の松方幸次郎「従業員諸子に対する希望」（間一九六八所収）にも見られ、また岡本利吉が主唱し平生釟三郎が推進した「企業立憲協会」（河合哲雄『平生釟三郎』一九五二年、三九〇～三九一）にもおそらく共通している。松方、岡本はともに当時、福田徳三に著作を送っていた。

松方は「従業員諸子に対する希望」で、しばしば国際労働会議、バーンズ大臣に言及しながら言う。「人あるいは労資相反するもののごとく主張するものあるも、……お互いに同じ釜の飯を食いおるものにて利害相反するの理由なく、余は労、脳、資の三者はその終極の目的において相調和一致すべきを信ずるものなり。」松方の川崎造船では、「諸子の健康を保持し、その幸福を増進せんがために就業八時間原則を実行」した。従来の一〇時間を八時間にすることは、現存の二万人の従業員に対し四万時間を減少することになる。八時間制という原則だけでも、「漸次純八時間制になさんと欲するは、技師はじめ一般従業員諸子を信頼せる次第にて、一同の奮励いかんによりてよくその能率を増進し、就業時間は短縮するも工程はかえって進行し、かくて互いにいっそうの利益を受け得べしと信ずるがため」であった（間一九六八、一四〇、一五二～一五三）。松方は第八回国際労働会議の使用者側代表で、ジュネーヴで国際労働機関（ＩＬＯ）事務局長のアルベール・トマに会い、一九二八年一二月に来日したトマにたびたび手紙を送り、八時間労働制についても興味深い言及がある[8]（B. Thomann, "Le voyage au Japon d'Albert Thomas", *Revue d'histoire de la protection sociale*, 2018 に引用）。

## 注

（1）これは、*Quarterly Journal of Economics*, April 1891に掲載されたアドルフ・ワグナーによるマーシャル『経済学原理』の書評の邦訳である。

（2）この文章が坂西由蔵訳『日本経済史論』に「ブレンタノ先生序論」として載せられた。それは、『全集』第三集の巻頭に収録されているが、それが『ロートゼ』誌掲載の「日本論」であることも記されている（第三集序）。またラートゲンも『シュモラー年報』に書評を書いた（玉野井芳郎『日本の経済学』中公新書、七四～七七）。なお、福田は七月に論文を提出し、一〇月にパリでルロワ・ボリュー、ルヴァスールを訪ねている（金沢二〇一一、二六～二七）。

（3）なお、福田が留学中にしたもう一つの大きな営為に「ベルリン宣言――商科大学設立の必要」（一九〇一年二月）に見られるような高等商業教育運動があった。福田がドイツに着いた翌年にライプチヒ商科大学が誕生し「商科大学の時代」＝世紀転換期の高等商業教育・商科大学運動の時代になる。そのなかで出版された、R・エーレンベルヒ著、福田徳三抄訳『高等商業教育論』（高等商業学校、一八九八年六月）が本の形で出た福田の最初の著作である。これには「附録　ベーメルト氏商業経営学・商業道徳学論」、小山健三の「高等商業教育論　緒言」と福田の「序言」がある（『全集』第四集所収）。これは当時の名校長・小山健三との円滑な連絡によるものであった。小山健三は一八九五年八月、井上毅文部大臣のときに文部大臣秘書官から高商校長に任じられ、福田を含む留学生の派遣、田尻稲次郎、添田寿一、E・フォックスウェルらを講師として任用、専攻部の設置など多くの業績があった。小山は一八九八年五月文部省次官に任ぜられ、その後三十四銀行に転じた（『小山健三伝』三十四銀行編、一九三〇年）。

（4）トマス・マコーレーの言は、エピグラフに用いられている、'If ever we are forced to yield the foremost place among commercial nations, we shall yield it, not to a race of degenerate dwarfs, but to some people pre-eminently vigorous in body and mind.' Macaulay. もとの『労働経済論』には、ブレンターノの原書にある、

マコーレーの一〇時間労働法に関する議会での演説（一八四六年五月二二日）が英文のまま付されている（二〇頁に及ぶ）が、『全集』版ではその一節だけがエピグラフとして掲載されている。

（5）カトリックの家系に育ったブレンターノは一八六一～六二年をダブリンで過ごし、それが彼の自由主義信条を発展させた。またイギリス国王ジョージ二世によって創設されたゲッチンゲン大学にはドイツにおけるアダム・スミス研究の伝統があった。ベルリンに来たブレンターノに社会問題への関心を向けたのは統計学者エンゲルで、エンゲルは、収益分配制を含む"industrial partnership system"の計画をプロシア皇太子に提出していた。それは企業における労働者の地位向上、参加を目指すもので、この"industrial partnership system"計画が、ブレンターノの注意をイギリスの社会改良運動に向けた（Sheehan, J., *The Career of Lujo Brentano*, Chicago, 1966）。

（6）Adam Smith, *Wealth of Nations*, 1776, ed. by E. Cannan, I, 91, 96-97: 水田洋監訳『国富論』（岩波文庫）I、一四七、一五六。スミスのこの箇所は、マーシャルも『原理』第六編第一章（Marshall 1961a, 507: 訳IV、六）で引用している。

（7）藤林敬三『労働者政策と労働科学』（有斐閣、一九四一年）第二篇「生産的社会政策論と労働科学的見解の発展」の第一章「前世紀後半の高賃金論」、第二章「八時間労働論と労働時間最適限論の台頭」を参照。

（8）なお、雑誌『改造』（一九一九年七月）は「世界改造史上特筆すべき国際労働会議」に向けて、「日本より派遣すべき国際労働委員の適任者は誰か」について識者の意見を求めた。それに対して福田は長い回答を寄せ、以下のように述べている。資本主代表者としては、「鐘紡の武藤山治氏か、倉敷紡績の大原孫三郎氏か、この二人を措いて他に適任者なし。武藤氏は労働問題の実際的施設者としては、日本一の先覚者にして、その実施の成績については、種々の評あるべしと雖も、少くとも鐘紡が善意を以て、文明的施設を為したるは、世人が未だ労働問題に無関心なりし一昔も二昔も前の事なり。氏はまた西洋の事情にも精通し一個の人格者としての修養深し。氏なれば、各国委員の間に伍して、甚しき遜色を見ず。」「次は少く劣れども大原氏なり。武藤氏よりは遥かの後輩にして、西洋の事情には余り通ぜず、一般の修養も劣ること勿論なれども、少壮家中に人を求むれば、氏の外になし。氏は現に倉敷紡績において社長と同時に自ら好んで人事課長を兼ね、これを他の使用人に任せむと云うに見ても、その篤実、熱心を見るに足る、氏が社長就任以来、男女工のために施設したる所は、大体において武藤氏とその揆を一にし往々それ以上に出づるものあり。氏の西洋知識の不足は、河上君なり、安部君なり又は米田庄太郎君なり同行せば、十分にこれを補うを得べし、武藤案成立せずば、補助者付きにて大原氏に出馬を乞ひたし」。

# 第2章　帰国、『経済学講義』の頃——福田とマーシャル（そしてマルクス）

## 1　帰国、東京高商から慶應義塾へ

### 高商の三教授

福田徳三は一九〇一（明治三四）年九月に帰国し、その秋から高等商業学校（高商）で経済学・経済史の講義を始めた。専攻部の学生であった上田貞次郎は福田の講義から「シュモラー張りの企業発展論を教えて」いただき、経済生活にも進化発展の理があると説くドイツ歴史学派に強く引きつけられた。福田の帰朝はグスタフ・シュモラーの『国民経済学要綱』第一巻が出た翌年であり（留学中の関一は一九〇〇年一二月三一日の日記に「シュモラー教授ノ経済学原理ヲ読了ス」という長いコメントを書いている）、上田は「真に驚異の感をもってその斬新なる思想を迎えかつ讃へた」（上田貞次郎「二八年前の福田先生」〔『如水会々報』一九三〇年六月〕、シュモラー著、上田貞次郎校訂、増地庸治郎訳『企業論』〔一九二〇年〕への上田の序文）。福田の推薦で上田は一九〇二年九月に東京高商の講師となり、福田の教えのもとにシュモラー、カール・ビューヒャーを熟読し、一一月に帰国した滝本美夫との交流から大きな刺激を受けた。上田は、滝本についてオイゲン・フィリポヴィッチを読み、専攻部の学生であった左右田喜一郎、坂西由蔵を加えて輪講会を行い、また福田の依頼でF・クラインヴェヒターの抄訳を作成した。上田、左右田、坂西は福田門下生の最初の世代であった。

『上田貞次郎日記』にも明らかなように、福田のゼミナールではアルフレッド・マーシャルの輪講会もあった。高商では、福田をはじめ多くの同僚に慕われた「名校長」駒井重格が一九〇一年一二月九日、宿病の喘息から肺炎を併発し、現役のまま「卒去」した。駒井の後、文部省参事官・寺田勇吉が校長事務取扱となり、その後、一九〇二年八月二六日、東京帝国大学法科大学教授・松崎蔵之助が校長兼務を命じられ、九月二〇日校長に就任した(1)。

福田に続いて、関一、滝本美夫、津村秀松らが相次いで留学から帰国し、「新しい経済学」たる歴史学派の新知識を広めるとともに、"Captains of Industry" の必要を訴えた。一九〇二（明治三五）年には、第二の官立高等商業学校（高商）として神戸高等商業学校（神戸高商）ができ、それまでの高等商業学校（高商）は東京高等商業学校（東京高商）と改称され、また海外でもバーミンガムの商学部が開設し、前年には大阪市立の大阪高等商業学校（大阪高商）、ケルンの商科大学ができ、世紀転換期における国際的な高等商業教育・商科大学運動の最盛期であった。それから一九二〇年に東京商科大学（東京商大）に昇格するまでのほぼ三〇年間は、「ベルリン宣言」に端を発する商大昇格運動の時代であると同時に、一橋の経済学にとって「最も重要な建設時代」であった。そして、その時代の中心人物は何といっても福田徳三であり、当初は「福田博士の経済史講義」であった。福田の担当科目の一つは商業歴史であり、ブレンターノとともにW・J・アシュレーやW・カニンガムを用いて比較経済史を講じたようである（座談会「一橋経済学の七十五年」『一橋論叢』一九五〇年九月）。

一九〇二年本科三年で福田の講義を聞いた藤本幸太郎は「アッシュレーを思い出す」と回想し、「たしかカニンガムの西欧文明史（一九〇〇年第一版）"Western Civilization in its Economic Aspects"……を教本としてドイツ、フランス、ロシアなどの比較経済史とも名づけてよいような講義を拝聴した」という（『追憶』六～七）。また左右田が「最初の深き学問的感激を与えられた」のは、「本科三年在学中あたかも外国留学を終えて帰朝した福田徳三教授が比較経済史講義（明治三四年一一月開講）及び諸論著において示した真理の外何ものにも屈せざる学理討究の精神」からであった（左右田『全集』一、七）。ワグナー、ブレンターノ著、関一・福田徳三共訳『最近商政経済論』（大倉書店）も一九〇二年六月に出版されている。上田貞次郎は一九〇二年に卒業論文として「外国貿易論」を書いた。それは福田の審査を受け、「独り卒業論文中の白眉たるのみならず亦我邦幾百の経済論中稀に見る所」と激賞され、翌一九〇三年に福田徳三校閲・上田貞次郎著『外国貿易論』（普及舎）として出版された。

帰国直後から、福田は若き教授（当時二八～二九歳）として関一、佐野善作らとともに一橋（東京高商）の中心的な存在になった。『実業世界太平洋』（一九〇三年八月一〇日）には「高等商業学校の三教授――福田徳三、関一、佐野善作」が掲載され、この年（一九〇三年）、本科二年で福田の講義を聞き、休職になった福田の復職運動を推進した菅《すが》禮之助の「一橋三教授」、「如意団以前」等の文章は、当時のことをよく伝えている。

それらによれば、一橋（東京高商）には学生尊敬の的として「三教授」と呼ばれた関、佐野、福田の先生達がいた。この人たちは学問の切り売りでなく、教壇の上から学生の胸へ強いものを響かせてくれた。「学校の重心は母校出身の三教授にあった」。「関さんは人物、佐野さんは才子、福田さんは学者と、内外ともこういう極めがついていて、学生は何事につけてもまず三教授を頼みに思った」(『追憶』二二)。「三教授と同じく母校出身では村瀬〔春雄〕、下野〔直太郎〕、滝本〔美夫〕の三先生があった。何れも陽に陰に当時の学生の思想に大きな影を印したことを我らは今以て忘れ難い。福田教授はこの中で年少者で学者として最も矜持する所が高かったと共に、学生への魂を吹き込むには殆ど宗教的熱狂ともいうべき態度であった。経済原論の教壇で、あの熱弁で何時も説かれる所は『国家社会の経済的発展はその分子たる個人の発展――自覚と感性である』にあった。そして、産業の将帥(キャプテン・オブ・インダストリ)たれと机を叩いて叫ばれた」。「いつも我らの胸中に活きていたのは福田先生の個人発展説で、将来においては国力の伸長、現在においては校風の刷新と、この二つの事業を成す力のものは個人の発展――換言すれば修養にある、とこうしか考える外《ほか》のことはなかった」(2)。

福田は一九〇二年に発足した一橋会でも研究部長に選出され、『一橋会雑誌』(一九〇三年三月創刊)の編集部長にもなり、また「トマス・ダキノの経済学説」(『国家学会雑誌』一九〇三年六月から連載)によって日本における経済学研究、アカデミズムの基礎を敷くことになった。この間に公刊したものに「経済単位発展史上韓国ノ地位」(『内外論叢』一九〇三年二月〜一九〇五年二月)がある。福田は一九〇二年七月に朝鮮半島出張を命じられ、ウラジオストック等にも行ったが一ヶ月ほどは朝鮮に滞在し、この時の見聞が論文の基礎になったようである。また、一九〇三年四月に青森県に出張し、前年の大凶作と飢饉について考察した論稿「社会問題としての飢饉」(『独立評論』一九〇三年八月、九月)がある。

福田の「一橋会発開式に際し希望を述ぶ」（明治三六年三月）も当時の張り詰めた様子をよく窺わせる。

この学生会を以て、単に学生諸君が烏合的に会せらるるの意味に解せずして、生を学ぶの会、即ち諸君が異日実業の活世界裏の人となるの準備、修養をなすの会という意味に解し、……我が邦商業道徳の幼稚なるの最大原因に関しては、……要するに、完全なる意味における団結、即共同行為なるものが従来我国に無かりしを以て最大の原因なりとする。その共同的団結の絶無なりし最も根本的の原因は、これを完全なる個人が未だわが邦に発生せざりしに帰せずんばあらず。この個人性の発展、即ち完全なる個人を基礎とする協同一致の大組織、大経営を来すの道は、決して区々たる小刀細工の能くすべき所に非ず。多年の修養社会教育の結果、自然発展の道程として来るものに非ざれば到底持続す可きものに非ざるなり。……

完全なる意味における団結的新経済組織に向ての有力なる動力たらしむるは、当さに諸子の尽すべき大責任なり。……各自奮って消費組合につき精密なる研鑽を遂げられ、如何に個人性の発展、個人性発展したる上に発生せる新経済組織の団結が、方今欧米諸国において、社会上、経済上、直接間接に多大の弊害を済うに与て力あり、現時経済生活の基礎を根本的に改造するの一大動力たるかを推究せられんことを望むや頗る切なり。（『一橋大学学制史資料』第三巻、三三一〜三三五）

### 福田の休職と上田貞次郎

しかし、福田は一九〇四（明治三七）年一月二八日の一橋会臨時総会において、一橋会会費並びに端艇部積立金私消費問題で松崎蔵之助校長と衝突し罵倒したことが発端となり、一九〇四年の八月二日、夏休み中に突然東京高商から休職を命じられた。帰国して授業を始めてからわずか三年足らずのことであった。福田の休職取り消し、復職を求める声は多くあり、学生の側では「復職運動――ストライキ」があり、また神戸高商の校長になっていた水島銕也は福田を神戸に迎えようとしたようである（平井泰太郎『水島銕也』一九五九年）。福田は、翌一九〇五年一〇月から慶應義塾の教員（翌年から教授）となり純正経済学、経済原論、経済史等の講義を行うことになった（慶應義塾時代は一九〇五年一〇月から一九一八年三月までの一三年間に及ぶ）。休職命令を受けた福田は一時期鎌倉に住み、円覚寺（釈宗演老師）に参禅した（一九〇四年八月）。この福田の参禅が一橋如意団創立（一九〇六年六月）の発端になった。福田は、この高商休職期間中の一九〇五年五月に博士会の推薦により一橋出身者では初めて法学博士の学位を授与された。

福田の休職の背景は、一九〇四年一二月一日付ブレンターノ宛書簡にも見られる。福田のような自由主義的な経済学者は、「愚劣きわまりない政府の財政政策を批判しているため、厳しい監視下に置かれ」ていた。福田は論文や講義に対する「スパイ並みの徹底的な監視」のために鎌倉に引きこもり、「桂伯爵によるスパイ支配」が終わるまでそこに滞在しようとした。農業政策に関する松崎蔵之助校長や農業大臣の見解はワグナー教授が率いる学派に依拠し、「急進的この上ない自由貿易を主張する」福田の教授活動は、政府にとって危険だと判断されていた（福田二〇〇六、三三～三四、八四～八五）[3]。

福田が休職令を受けた時のことは『上田貞次郎日記』（明治三七年）にかなり詳しい。

福田徳三氏は、八月二日突然休職を命ぜられた。其原因は松崎対福田の喧嘩の結果である。之について余の見る所は、曲両方にありという外はない。喧嘩の性質は松崎対商業学校にあらずして、松崎対福田であると思う。併し福田は兎も角も一橋の名物であって、又其要素である。それを私怨の為めに松崎が取除けるというのは不都合である。特に他の一橋出身教授に一言の相談もなく之を取除けたのは、一橋の権威を無視したやり方である。故に一橋の人として吾人は松崎を退かしめ、福田を復職せしむるに勉めねばならぬのは決まった事だ。……之は松崎氏の細工で、佐野氏も関氏も旅行して居る所へ突然と休職の命を出したので、此両氏が居なければ学校の事は出来ない事に成て居る。村瀬氏は、勿論此等の事に関係すべき人であるが、一人では致方ない。余は当時一夜同氏を訪ふて見た所が、やはり関、佐野両氏の帰京を待て相談をするという話であった。

上田はその後、病気で入院し、「病後の静養旁々鎌倉に福田を訪ふた。……唯慰める積りで出掛けた。」「一晩泊って翌日、奇なる誤解が余の人物に就て生じて居る事を発見した。その事は福田氏が、談話の際激怒して余をなぐったから分った。即ち其時先生は、余を松崎の探偵だとどなった。さうして己が貴様に尽した恩を忘れたかの、鎌倉へ来たのも探偵の為だろうの、探偵の材料はいくらでもやるから、たんと恩人に向て仇をしろとの種々雑多の暴言を吐た。」このときの上田自身の葛藤を『上田日記』は「記憶すべき三七年九月一五日」として、数頁にわたって記している（『上田日記』明治二五～三七年、六〇四～六〇九）。

上田は師である福田に殴られて「破門された」と思い、これ以降、「福田門下第一号であるにも拘らず、福田門下からは逸脱してしまった」（上田正一一九八〇）。上田は翌年、松崎校長から「留学の理由書とも相成べきに付き商事経営学の性質及び其内容に関する意見」を出すように言われ、三月にそれを出した。「商事経営学に関する意見」で、日本における経営学・経営経済学に関する最も早い文献の一つだと思われる。そして、四月二六日教授に任じられ、九月に留学の申渡があり、一〇月一四日新橋発、横浜から渡欧の途に就いた。一一月一九日ナポリ着、ローマ、パリを経て一二月一二日ロンドン着、翌一九〇六年一月一二日バーミンガムに移り、一五日大学に行き、開設後三年余りの商学部でW・J・アシュレーに会い入学を許可された。アシュレーのセミナーには前年から留学していた田崎慎治がいた（『上田日記』一九〇六年）。また一九〇六年には、日本で最初の専門的な経済学雑誌『経済学・商業学・国民経済雑誌』が東京と神戸の高商を編集母体に創刊され、日露戦争後の「実業の時代」を背景に、長崎、山口に一九〇五年、小樽に一九一〇年に高等商業学校が設立された。なお、マーシャルの「経済騎士道」論文は一九〇七年、上田の「商事経営学とは何ぞや」の基礎になるアシュレーの“Enlargement of Economics”は一九〇八年（いずれも *Economic Journal*）の出版である。

一九〇八年には文部省が東京帝国大学法科大学内に経済学科を新設し翌年には商業学科も設置した。高商側では高商を母体に商業大学設立の必要が強く主張され、一橋商業大学論が力説された。一橋会、同窓会等では、大学問題委員会を設置し議論を重ね、商議員・渋沢栄一、教授代表が文部省・文部大臣に声明書・陳述書を重ねて提出し「商科大学の必要」を訴えた。それは文部省・帝大と一橋の衝突であったが、帝大教授会は法科大学内に商科大学設置を決定、東京高商側の高商を商大に昇格させる決議を斥け、高商同窓会が商大問題に関する建白書を文相に提出するものの、一九〇九年五月五日松崎校長が辞職し、五月六日文部省は高商専攻部廃止の挙に出た。五月一一日、学生総退学が決議され「去校の辞」が読まれた。専攻部は六月二五日の省令で存続になるが、商大問題は社会問題に発展し、「辛酉事件」として一橋大学史に刻まれることになった。この商大昇格問題で、関一、滝本美夫は高商を去ることになった。福田は慶應義塾に行ってからも、一橋会編纂部主催投書家懇親会に出席し講演等をしていたが、一九一〇年一月に滝本美夫（小山健三の三十四銀行に転出）と入れ代わるように講師を嘱託され経済原論を講じた。また一九一四年には大阪に転じた関一の後の講義（工業政策）も託された。なお、大塚金之助は一九一四年に神戸高商（坂西由蔵ゼミ）を卒業、東京高商専攻部に入学し福田のゼミに入った。また、福田の専攻部ゼミ生であった松浦要は一九一四年に卒業している。松浦は『資本論』の最初の翻訳者（部分）であり、ロバート・リーフマンの翻訳もしていた。一九一三年六月（『国民経済雑誌』）にリーフマン著、松浦要訳、福田徳三記「価格新論」（主観的価値評定ヨリスル価格ノ成立）其一が出、其六までが一九一三年に出た。

**「企業論ニ序ス」、「信用券貨幣論ニ序ス」——福田、坂西、左右田**

福田は東京高商の休職の間に、自ら指導していた専攻部経済学経済史研究室の成果として、坂西由蔵『企業論』と左右田喜一郎『信用券貨幣論』（いずれも専攻部卒業論文）に序を付して出版している。これらは「経済学経済史論叢」と銘打たれ、その「発刊ノ辞」は一九〇四（明治三七）年八月付である。この「論叢」の第一冊が坂西『企業論』一九〇四年、第二冊が左右田の『信用券貨幣論』一九〇五年で、第三冊として福田徳三著『余剰価値論』が予定されたが、これは出ず、「論叢」は二冊で終わった。

「信用券貨幣論ニ序ス」は、一九〇五（明治三八）年九月付、「小田原三素書房ニ於テ」（左右田家の別荘）書かれ、「論叢」の「第二冊トシテ、東京高等商業学校ニ於ケル経済学経済史研究室最終ノ記念タル、左右田学士ノ信用券貨幣論ヲ出シ……」とある。また、福田の序には、「学理討究ノ上ニ於テ予ガ初メテ邂逅セル抗争ノ人左右田学士」とある。左右田の卒論の題は、「信用券の貨幣的解釈」であったが、左右田がすでに留学で在外にあったため、福田が「信用券貨幣論」とし、坂西が校正、索引など煩雑な仕事一切を行った。『信用券貨幣論』は、左右田本人と「福田徳三先生」と「畏友坂西由蔵君」との「共労」の所産であったかもしれない。福田によれば、「半分は坂西君の力が入って」おり、「五パーセント位は私の力が入って」いた。左右田の「自序」には「英国カム河畔ノ客舎ニ於テ」とある[4]。坂西は貿易科で福田が指導し、左右田は銀行科に籍をおき、「佐野君のゼミに行かれ」、「卒業の時は私のゼミから卒論を出して卒業された」。本は、「左右田君と私の討論の結果出来て居る。悉く私の説に反対せられた。ゼミナールにおいても私の影響は少しも受けない。反対に私に対して反抗するのであります。坂西君の『企業論』は全然私と同一の立場に立って居られた。私から言えば、その方がよい。左右田君の方は悉く反対、私は狭量の人間ではありますが学問上は狭量でない積りです。悪口言われても何とも思わない。個人的に悪口言われると中々忘れませぬが、学問上に於ては人に対しても自分に対しても喜んで受ける。攻撃してくれない人は面白くない。でありますから私の趣旨に全然一致している坂西君の論文より、徹頭徹尾違っている左右田君の論文をより多く興味をもって読んだのであります」（福田「アリストテレース＝クナップ＝左右田」『如水会々報』一九二九年二月）。

左右田は、フライブルクでＫ・Ｊ・フックス、シュルツェ－ゲーファーニッツ、そしてハインリッヒ・リッケルトについて研鑽し、『クナップ新貨幣学説と貨幣の本質』（一九〇七年）、『貨幣と価値』（一九〇九年）、『経済法則の論理的性質』（一九一一年）が公刊された。『貨幣と価値』はフックスの指導下で書かれ、一九〇九年一月、二七歳の若さで学位を取得した。福田は、*Geld und Wert*, 1909 が出た時には、同年の『国民経済雑誌』（第七巻三号、一九〇九年九月）に批評を書き、左右田もすぐに応酬している（七巻六号、一九〇九年一二月）。フックスと左右田の深い関係・結びつきは、『左右田喜一郎伝』に詳しい。(5) なお左右田は、一九〇七年五月に文部省留学生としてフライブルクに来た坂西を下宿に迎え入れたが、坂西は福田の言に従って、フライブルクは一学期で去りミュンヘンに向った。左右田も一九〇八年にはフックスを追ってチューービンゲンに移るが、坂西、左右田は一九〇九年五月ベルリンで再会し、ベルリンでは共に一年半滞在し、下宿も同じであった。*Geld und Wert* は「私共がベルリンで同宿していた頃に印刷製本が出来上って参りました」（坂西「左右田博士と理論経済学」『如水会々報』一九二九年二月）。翌一九一〇年一〇月二人はベルリンで別れ、坂西は帰国の途につき、左右田はチューービンゲンに戻った（『左右田伝』一〇五）。

坂西『企業論』の装丁が成った時、福田は「突如トシテ東京高等商業学校ノ講壇ト其研究室トヲ去ルベキ厳命」に接し、「企業論ニ序ス」（明治三七年八月付）も隠遁先の鎌倉で書かれた。坂西の『企業論』は、福田の研究室報告の第一冊で、「真正ナル高等商業教育ノ主眼タル企業ニ関スル研究、真正ノ意味ニ於テ吾人ノ解スル実業家ナル企業者ノ職分ノ解剖」を世に公にしようと出版され、「最モ機宜ニ適スルモノ」であった。その書の序にいわく。「高等ナル商業教育トナス所ノモノノ目的ハ多数ノ労働者ヲ作ルニ非ズシテ、選良ナル此ノ企業者ヲ作リ、此ノ Captains of Industry ヲ供給スルヲ以テ目的トナスベシ」と。これは日露戦争後の「実業の時代」、「武士的実業家」が求められる時代をよく反映しており、"Captains of Industry"が文章で用いられた早い例だと思われる。

福田はさらに言う、「帰国以来、此意味ヲ以テ後進ヲ啓発スルニ努メ、商業的労働者ニ比シテ企業者ノ近世産業社会ニ於ケル地位ト職分トノ甚ダ重要ナルニ鑑ミ、我学生ノ激励自奮、自重自信センコトヲ提唱シテ今日ニ及ビ多少ノ効果アルヲ見テ喜ブモノナリ」と。シュモラーやW・ゾンバルトらにも見られるように、企業論は時代の問題で、福田自身も企業論の一部として「企業心理論」（一九〇三年四月）を公刊し、次いで「企業倫理論」を書こうとして「病ノ為ニ業ヲ廃セリ」とある（これは一九〇五年八月に、「マルクス研究における第一文」として公刊された）。「坂西学士ノ企業論ヲ得タル予ノ喜ノ如何バカリナルカハ恐ラク人ノ推知シ能ハザルモノアルベシ」。福田によれば、「労働社会ノ惨状に通じていた坂西は高商本科を卒業して論文「職工組合論」を提出し、そこに労働問題の解決策の一部を見ていたが、時代の動きの中で「労働問題最終ノ解決ハ遂ニ先ズ企業ノ研究ニ到達セザル能ワズ」と考え、専攻部では『企業論』を書いた。坂西は「自序」で自ら言う。「企業者労働者両階級ノ争闘軋轢ヲ如何ニ調停スベキカハ実ニ現時ノ一大問題ナリ」と信じ、明治三五（一九〇二）年福田の下に「職工組合論」（『経済叢書』第一七号所収）を提出した。しかし、それは問題の一端に触れたに過ぎず、頗る意に満たないものがあり、「企業ノ真相ヲ解セザレバ国民経済ノ諸問題ヲ正当ニ解釈判断スルコトヲ得ズ」、と考え『企業論』に至った（明治三七（一九〇四）年八月付）。これは翌年には再版となり、坂西は、再版に附録として「ヴェブレン氏の『企業論』」（*Theory of the Business Enterprise,* 1904）を加えた（「企業論第二版例言」明治三八（一九〇五）年九月）。

福田は『経済学講義』第五編「流通総論」のコアを企業と考え、マーシャルのように第四編「生産要因」の一つとしての「組織」(企業)ではなく、「流通総論」の「劈頭」に企業論を置くべきものとしている。『経済学講義』第四編「生産の動因」の最終章は「マーシャルの企業論」であるが、その前の章は「労働効程の増進と分業」で、およそ次のように結ばれている。企業論研究の勃興を、資本の増殖に尋ねて満足できず、「労働の生産能率、殊に分業の発達に求めてまた十分とせず、労働者の体力、智力、健康、熟練に帰して足らず、ここに経済学は一九世紀の末葉に至り、供給の真の淵源、国富増進の最大動因を究めて、これを企業の組織に得たり。しかして実際経済界における企業振興の時代またこれと時を同じうす、学説の発展地を離れて天空に高翔《こうしょう》するものにあらざること悟るべきなり」(第一巻四一三)。

## 2　『経済学講義』の成立とその背景

### 経済学概論・経済原論の構築

経済学研究の黎明期における福田徳三の一つの課題・営為は、日本における経済学概論・経済原論の構築・普及であり、自ら編集した『経済学全集』の第一、二集がそれにあたる。『経済学全集』の第一集は、全体が『経済学講義』と題され、東京高等商業学校と慶應義塾での講義をもとにした『経済学講義』[6](『続経済学講義』、『改定経済学講義』合纂)、および『国民経済原論』、『経済原論教科書』を収録している。また、『経済学全集』第二集は『国民経済講話』(乾　総論及び生産篇、一九一七年、坤一『労働経済講話』一九一八年、坤二『資本経済講話』一九一九年）で（『著作集』第三・四巻）、福田の構想としてはそれを補うものが『経済学全集』のすぐ後に出た『流通経済講話』（一九二五年）（『著作集』第五巻）であった。福田は晩年に、『国民経済講話』の改訂増補版として『経済学原理』総論及び生産篇を改造社版『経済学全集』の第二巻として出版し（一九二八年）（第一巻は河上肇『経済学大綱』一九二八年）、『経済学原理』流通篇上・下は、死後に改造社版『経済学全集』の第三・四巻（一九三〇年一〇月・一二月）として出版された。これら四巻は当時の経済原論のおそらく一つの到達点であった。この「流通篇」上・下は、『流通経済講話』であり、福田は外遊・帰国後「鋭意その改訂増補の業に従事していた」が「未完成のまま残された」（『経済学原理』流通篇 序言（福田了三、一九三〇年九月二九日））。

一九二八年には二つの『経済学全集』が同時に競争的に刊行開始となった。福田徳三、河上肇を中心とする全六三巻の改造社版（一九二八～三四年）と、東大の土方成美、河合栄治郎を中心とする全三一巻の日本評論社版（一九二八～三三年）であり、それは当時の経営学、経済史、統計学を含む広義の経済学会の縮図であった（中山伊知郎『全集』第七集、iv）。ほぼ同時期に『マルクス、エンゲルス全集』（全二七巻・別巻・補巻、一九二八～三五）が改造社から、また少し遅れて高田保馬編『理論経済学叢書』一四篇（一九三一～四一年）が日本評論社から出ている。改造社版にはマルクス経済学関係の巻もかなり多く、福田はその特徴を以下のように述べている。「非資本主義的諸形相と非資本主義的学説」を全面的に取り入れ、これを「資本主義的機構、資本主義的学説と併立対峙せしめ」ており、そのことはハンス・マイヤー主幹の『現代の経済学理論』よりも「より徹底的、より宏量的」である。「各篇ごとに、資本主義理論とマルキシズム理論とを両々相対照せしめ」ており、これは「斯学における最初の試みであって、独り我学のもつ特恵を十二分に活用した」だけでなく、「斯学の現状を、最も真実に、いとも的確に総括的に写し出し」ている（「改造社版『経済学全集』について」、『改造』一九二八年一〇月）。

福田は一九〇一年九月半ばに留学から帰り、一一月から講義を始めたが、高等商業学校における最初の経済学講義は、帰朝後「起稿の余日毫もなく」「壇に登らざるべからざりしが故に」、「ブレンターノ先生に受けたる講義の筆記をそのまま自己の原稿とし、わずかに私案を挿む」ものであった。二年目の講義も「大体において翻案翻訳にほかならず」、心中に堪えられない苦痛を感じていた。翌一九〇二年の冬から一九〇三年の秋にかけて経済原論の執筆に従事し、それを秋から三年目の講義に用い、その一部を『国民経済原論』として上梓した。しかし、それは福田自らの言によれば、「出版物として全然失敗の挙に了り、続巻刊行の望み全く絶え」、刊行後、所々に発見した誤謬を正し、公私に与えられた批評を参酌して「根本的改修を加えんとの心願は、ついに充たさるる時なくして」終わった。あたかも時を同じくして高等商業学校における福田の経済学の講義もまた「無用の事」となり、この第三回を最終の講義として、高商を去ることになった（第一巻（一）（二））。それは、帰国後わずか三年足らずのことであった。休職命令からほぼ一年後に慶應義塾に移り、『経済学研究』（マルクス研究を含む）と『経済学講義』（マーシャル）を並行して公刊していくことになる。

さて、『国民経済原論』（一九〇三年）は、K・J・フックスの『国民経済学』（一九〇一年、第二版一九〇五年、第三版一九一八年、第四版一九二二年、第五版一九二五年）の基本概念や歴史学派の発展段階説に沿って書かれた「先覚学者の書の紹述」であり、「未熟きわまるもの」ではあったが、福田の「経済原論についての出立点」を示していた（第一巻（一三））。一方、『経済原論教科書』は、それを『全集』に入れるに当たり、その当時の福田の「立場を一目の下に明らかにするつもり」で、念入りに訂正を施した。こうして、福田の出立当時の経済原論に関する考えと、『全集』出版当時の考えとを「一書中に併載」することになった（第一巻（一四））。[7]

この『経済原論教科書』は一九二五年一月に出版された比較的短いもので、三月に出版された『全集』第一集にそのまま収められた（『全集』版では一七三頁、大作の『流通経済講話』は同年五月に出版）。それは、福田の経済原論の構成を教えてくれ、第三編流通が分量的にも過半を占める（第一編緒論、第二編生産、第三編流通（第一章総論、第二章貨幣及び信用、第三章価格、第四章所得、第五章結論））。種瀬茂によれば、福田の「流通経済論」は、その「理論的研究における最も独自な体系」で、もともと『続経済学研究』、『続経済学講義』（ともに一九一三年出版）によって生み出された。それによれば、価値（利用）は生産によって生み出され、流通によって増加される、すなわち流通において価値（財の人間に対する利用効果）は発展する。この流通の動力は余剰価値（余剰利用・所得）の追求であった。生産は前提で、流通経済こそ価値の発展と余剰価値を実現せしめる営利原則の場として、経済学原理における本来の対象領域であった（『一橋論叢』一九五五年一〇月、創立八〇周年記念号）。

## 余剰・所得・厚生の学

『国民経済講話』総論・生産篇（一九一七年）、『労働経済講話』（一九一八年）、『資本経済講話』（一九一九年）の後、独自の流通分析の前半が『流通経済講話』として一九二五年五月、外遊中に出版された（序言は三月二七日付、船中で書かれた）。その序言によれば、本書の内容は流通論の約半分に当たり、総論の全部と価格論の半分とを載せてあり、残るのは価格論の後半、所得論および結論であった（序言一二）。残りは公刊されなかったので、「流通経済論」の全体系の骨組みは『経済原論教科書』に見ることができるのみであり（種瀬前掲論文）、流通は交換と分配に分かれ、交換における価格、分配における所得が分析される。第三編流通の第四章所得で「所得と価格」について福田は言う。「吾人経済行為一切の終極は所得に存し、所得の大小は直に人間の経済上の運命を制する……。国民経済内における最大の問題は、各経済単位の得る所得の比較的大小にして、これによりて経済上百般の問題は決定せられる」。「所得の大小を定むる原因を究むるには、所得も畢竟一つの価格に外ならざることを知るを要す。今日の経済生活は、すべて流通市場における価値移転の作用に支配せられるものなれば、その作用の総括たる価格は、すなわち経済生活の総括なり。ただ財が流通上において受ける対価を価格と称し、人が受ける対価を所得と称する差あるのみ。」換言すれば、「吾人は経済客体を流通して価格を得、経済主体を流通して所得を得る」。それゆえ価格の大小を決定する原因と事情（需給関係）は同時に所得決定のそれともなる、ただ価格が財の性質、ある原因によって制されることが多いように、「所得もその種類の異なるにより甲原因に制せらるる多きもの、乙原因に制せらるる多きもの等の別あり」（第一集、一四〇七、強調は引用者）。この所得獲得とその大小が人間の経済的生活（厚生増進）を決定する。

ここには余剰＝所得、厚生の増進について福田の基本的な立場が明言されている。それは、『改訂経済学講義』（一九一五年）補論四（「経済学の本体　補論」）として書かれた「余剰利用及び所得」でも言われている。福田によれば、人が得ようとするのは、費用を提出して得た利用から、その費用を控除して得られる「真正の利用」（これを「余剰利用」（surplus utility, Mehrnutzen）と名づける）の最大化であり、人間を支配するのは「最大余剰の法則」（または「最高余剰利用の法則」）であった。余剰利用も貨幣額で称量することができ、貨幣額をもって称量せられる余剰利用が所得で、これが「経済行為の最終の目的であり、経済学の本体」であった。「ゆえに経済学は余剰の学なり、余剰利用の学なり。費用の学にあらず、また単なる利用の学にあらず。両者相併せて生ずる『シンシーシス』たる所得の学問なり」と福田は結んでいる（第一巻一〇五〜一〇六）。

## 3　慶應義塾と『経済学講義』および『経済学研究』

福田は、『国民経済原論』の頃から「翻案翻訳の時代わずかに去りて、たちまち自家の学問を一系統として展ぶべき経済学概論なる書の著述を作せん」ことを考えていた。そして、『国民経済原論』を「新たなる面目の下に再生」するためには、「まず全力を傾注して自家学問の整頓を図らざる」ことを切に考えていた（第一巻（二））。それに力を与えたのが慶應義塾での講義で、それは「我邦に行われたる一般の慣例を破るべき新案に成るもの」であった。それは、数百の学生を一堂に集めるのではなく、「一級を数部に分割し、各組毎に教師を異にし」て、一定の教科書を与えそれについて講授するもので、その教材にマーシャルの『経済学原理』が用いられた。その間に、帰国以来の諸種の旧稿を蒐集整理して最初の論文集『経済学研究』（一九〇七年）を上梓し、その校訂が終わると同時に

「推敲陶鋳《とうしゅ》」してできたのが『経済学講義』上巻（一九〇七年）であった（第一巻（二）（三））。その上巻第一版の「序」（一九〇七年八月三日付）の冒頭にいわく。「この書名づけて『経済学講義』と云う。既に繰り返したる講義の謂にあらず、まさに新たに試みんと欲する講義の意なり」（第一巻（一））と。また結びには、「この書成る、一に慶應義塾の賜なること……。予は謹んで不見の師、故福沢先生の高風を追懐し、義塾創立第五〇年を記念せざるを得ざるなり」（同（四））とある。ちなみに一九〇七年は、大きな改訂が加えられたマーシャル『経済学原理』第五版が出た年であった。第五版から『原理』第六編は「国民所得の分配」になるが、第四版までは「価値、すなわち交換と分配」であった。

『経済学講義』は初め、上（第一篇　総論）（一九〇七年九月）、中（第二篇　経済学の根本概念、第三篇　欲望と其充足（需要論））（一九〇九年六月）、下（第四篇　生産の動因（供給論））（一九〇九年九月）という三巻の三分冊として刊行された（マーシャル『原理』第四編までに相当）。そして一九〇九年一〇月に合本『経済学講義』全が出版され、一九一三年までに五版を重ねた。福田は、五版まで出た『経済学講義・全』を絶版にし、全部を通じて改訂を加え、一九一五年に『改定経済学講義』第一巻（マーシャル『原理』第一編に相当する）を出版した。この改訂版は、全体を六巻とし『続経済学講義』で論述すべき部分も網羅し、「経済学原理」の全体に関する福田の研究を総括して、最終巻には参考書目と総索引を付すつもりであった（第一巻（六））。しかし、『改定経済学講義』は第一巻が出ただけで中絶となった。

## 『経済学研究』と『経済学講義』

『経済学研究』（一九〇七年六月）は、『経済学講義』（同九月）とともに、慶應義塾創立五〇周年の明治四〇（一九〇七）年に出版された。この四月に福田徳三著、坂西由蔵訳『日本経済史論』（宝文館、一九〇七年）が出、五月に福田は五〇周年記念講演会で「慶應義塾と経済学」を講演している。『経済学研究』は、留学から帰った一九〇一年から五年間に書いたものを一冊にした論文集で、当時三四歳の福田は、わずか三行の序に「〔書〕名の実に過ぐる甚だしきを咎めず、新たに叱正の栄を得ば著者望外の幸せなり」と書いた。しかし、同書は「誤って大方の寛容する所」となり、二年後には新たな論稿を加えた改訂増補第四版が出（一九〇九年一一月）、それを踏まえて福田は、余剰価値に関するものを「マルクス研究」に、労働協約、生存権、労働保護に関するものを「社会政策管見」にまとめて『続経済学研究』（一九一三年一一月）を出した。同一九一三年五月に『続経済学講義』流通総論が（マルクス研究の結果として）出、また『続経済学研究』に新たな論稿を加えて再構成し、一九一五年三月には『改定経済学研究』乾坤二冊が出版され、さらに同年一一月に『改定経済学講義』第一巻が出ている。『経済学研究』、『経済学講義』は並行して進み、一九一三年に双方ともに「続」が、一九一五年には「改定」が出ている。

一九一三年前後は福田の学問的な一つの画期・転機であった。そのルーツ・創源は一九〇八～九年前後で『経済学研究』（改訂増補第四版）に盛られ、さらに余剰価値に関わる論稿をまとめて「マルクス研究」の篇にし、他方で生存権、メンガー労働全収権研究も一九〇九～一〇年頃に進み、「社会政策管見」の篇（『経済大辞書』の項目「生存権」を拡充した論稿「生存権概論」を含む）にして『続経済学研究』(一九一三年)となる。他方、『内外経済学名著』の第一冊として小泉信三訳、ジェヴォンス『経済学純理』も一九一三年三月に出る。『続経済学研究』には、比較的長い序が付され、『経済学研究』に比べ、「聊か面目を異にし、内容の彼是相関連するものを集成して篇次」とした。すなわち、第一篇 マルクス研究、第二篇 経済史雑考、第三篇 学説史雑考、第四篇 社会政策管見(「労働協約一班」、「サンヂカリズム一班」、「生存権概論」を含む)、第五篇 株式会社研究で、「篇中の章目は出来得る限り系統に従て配列」した。また、第一篇の主眼は余剰価値の理論的研究(「マルクス『資本論』第三巻研究の一節(余剰価値率・利潤率・平均利潤率論)」、「不変の資本・可変の資本」、「地代は余剰なりや」、「マーシャルの利潤論とマルクスの平均利潤率論」、「マルクスの不変・可変資本とアダム・スミスの固定・流通資本との関係」、「企業倫理論」、「ゾンバルトよりマルクスへ」、「難解なるカール・マルクス」)で、利潤の真相(余剰価値と利潤)を得ようとし、第五篇はその「利潤を具体する」現実の企業の研究・株式会社研究であった。福田の大きな学問的柱の一つとなる「生存権の社会政策」(論文としての初出一九一六年、『経済学考証』に収録)もこの頃には生成していた。なお、『改定経済学研究』には、第五編「企業・労働及び社会問題」(『全集』第五集に)、第六編「マルサス及びリカルド研究」(『全集』第三集に)が収録された(社会政策研究については、第一四巻の「解題」を参照)。ホップ、ステップ、ジャンプの大きなステップの段階が慶應義塾時代であったように思われる。

福田は、基本的にマーシャルの解説である『経済学講義』とともに「マルクス研究」を含む『経済学研究』を同時に進めていた。早くから余剰価値に関心をもち、「経済学経済史論叢」の第三冊に自分の『余剰価値論』を考えていた。一九〇四年に余剰価値論の著を企てたが終に果さず、その一端を

「経済ノ本則ト営利ノ主義」（一九〇四年一二月）に書いた。一九〇四（明治三七）年八月に休職を命じられ、その頃、小田原（左右田の別荘）、鎌倉（対仙閣）で「マルクス資本論を耽読した」（第四集四二五、『追憶』一一七〜一一八）。「企業倫理論」（『内外論叢』一九〇五年八月）は、福田の「マルクス研究における第一文」にして、湘南小田原の左右田の別荘に閑居するもの数月、「出でて御幸浜の逍遥に胸中の欝を遣り、入りては池辺の小亭に屹屹としてマルクス資本論を耽読したりし時の作」であった。「当時志たるマルクス研究のことは「僅乍らも」継続し、『続経済学研究』第一篇「マルクス研究」と『続経済学講義』とを起稿した」（第四集四二五）。

福田の余剰価値の研究は、『続経済学研究』（一九一三年）第一篇マルクス研究に収められた。他方、『経済学講義』ではマーシャル研究が進み、その第三編需要論（欲望とその充足）でH・H・ゴッセンの限界利用均等の法則、マーシャルの価格と利用の研究が進められていたが、『続経済学研究』と同年に『続経済学講義』（第一編流通総論）（一九一三年）が「流通生活に関する根本見解を示し、マルクス研究に費やした年月と思索との結果」（第一巻（八））として出て、『続経済学講義』は『経済学講義』の第五編として合纂されることになる。福田はマルクスに学びながら「余剰価値と利潤」で利潤の真相を得ようとし、利潤の発生・淵源についてマルクスを批判しアダム・スミスの説明（「価格の構成部分」、生産費説）に戻っていく（詳細は第三章の補論に）。

## 福田と慶應義塾、小泉信三

福田が慶應義塾で講義を始めたのは一九〇五（明治三八）年一〇月で、最初の担当は政治科の「純正経済」であった。その講義は名取和作が受け持っていたが、教科書にJ・B・クラーク『富の分配』を用いたためか学生との間に論争が絶えず、名取はその講義を「さらりと福田博士に譲ってしまわれた」という。福田はクラークをやめてE・R・A・セリグマン『経済学原理』を講読した。政治科ではセリグマンを用い、理財科でマーシャルの『経済学原理』を教科書に用いた。高橋誠一郎によると、慶應義塾理財科では明治の末からマーシャルの『原理』を経済原論の教科書にし、福田、気賀勘重、堀切善兵衛らが担当した（高橋一九五六）。マーシャルは「現在イギリス経済学者中第一の耆宿《きしゅく》」にして、その著はドイツのシュモラー、ワグナー両氏の経済原論と相並んで「現今斯学の三大巨作」と称されるところであった（第一巻（三））。

　高橋誠一郎によると、明治の末になって、マーシャル『原理』を経済原論の教科書に当てることになり、組を分けて、福田、気賀、堀切、星野の四教授がこの書の講義を行うことになった（星野は星野勉三（半六）と思われる（『小泉日記』四一、八一、五四四））。『原理』の講義を分担した四人の中で、マーシャルの「直弟子をもって自ら任じ、最も得々として恩師の名著を講義したもの」は堀切善兵衛（後に高橋是清大蔵大臣の秘書官、大蔵政務次官等を務めた）であった。理財科の主任であった堀切と福田との関係・衝突について、また「わが師」福田の思い出について、高橋は興味深い話を伝えている。明治四一年八月の講演旅行、岐阜での講演の後の長良川の鵜飼を見物・宴席した際に塾長・鎌田栄吉と福田の「活劇」があり、福田は癇癪もちで喧嘩癖の江戸っ子で、堀江帰一が福田の辞職を思い止まらせたことは、「これまで一七度に及んでいた」という（「堀切善兵衛君と福田徳三博士」、高橋一九五六）。

　その一件は『小泉日記』にも表れている。一九一一（明治四四）年一一月二二日の日記にいわく。「学校へ行クト福田先生ガ辞職シタト云ウ風説ヲ聞イタ。直グニ先生ヲ訪問シテ聞イテ見ルト事実デアル。堀切善兵エ氏ガ理財科主任トシテ到底福田トハ両立セヌ、福田ガ引クカ自分ガ退クカ二ツニ一ツダト云イ出シタノダソーダ。……常ニ心配シテイタ事件ガ遂ニ破裂シタノダ。……午後高橋誠一郎ガ来テ色々ノ話ヲシテ行ッタ。二人デ時事新報ニ堀切君ヲ尋ネテ話ヲ聞イテ見タガ、僕ガ望ミヲ嘱シテイタ最後ノ一策（福田先生ヲ研究会又ハ読書会指導者トシテ塾ニ止メ置クコト）モ絶望ニキシタ」。明治四四年七月五日の日記には、「福田さんの演説を聴いてまたしみじみこの人を失った事を惜しく思った」とある。これは、同僚の星野勉三の結婚披露宴でのことで、「藤山雷太、鎌田栄吉、ヴェーンチッヒの祝辞、福田先生の通訳」の後に、「福田さんの演説……」とある。金沢幾子の年譜によると、福田は明治四五年「三月中　慶應義塾に復職」した（金沢二〇一一、一〇二）。明治四五年五月二日の『小泉日記』に、「福田さんに学校で逢った。流石にキマリ悪そうなところが見えた」とある。なおハインリヒ・ヴェンチヒは東大のお雇い人教師で、高野岩三郎と親しく、ヴェンチヒの「経済学教授法改良意見」（一九一〇年）は東大の経済学部独立に寄与し、福田の論稿「ヴェーンチヒ教授ノ『東京帝国大学ニ於ケル経済学教授法改良意見』ヲ読ム」（『国民経済雑誌』第一〇巻第一号、一九一一年）もある。

昭和戦前期から戦後まで慶應義塾の塾長を長く務め社会的影響力をもった小泉信三（一八八八～一九六六年）の福田評は福田の人となりをよく伝えている。小泉信三は、福沢諭吉が亡くなった翌一九〇二年一月に慶應義塾中学部に入学し、大学部予科をへて一九〇七年四月本科政治科に進んで、福田徳三、堀江帰一、気賀勘重らの教えを受けた。小泉は当時を回顧して次のように書いている。「教えを受けた先生のことを書くとなれば、私にとって第一の驚きは、政治科本科に進んでから聴いた福田徳三博士の講義であった」。「福田博士は、来ると早速学生の心酔者が出来た」。予科から本科へ進むとき、小泉が、理財科でなく政治科を選んだのは、政治科なら、福田の講義が確実に聴けるからという上級の心酔者の勧めにしたがったのであった(8)。慶應義塾の福田はいわば客将で、塾には塾の古い学問の伝統があったが、学生が講義に魅力を感じ勉強を刺激されたことは変わらなかった。高橋誠一郎、三邊金蔵、増井幸雄の諸氏、小泉自身は、皆何等かの程度において福田博士の刺激と影響を受けた。「学生に好学心を感染させるという点において、福田博士は類のない教師であった。……在塾中実に多くの良師を得たと思って感謝しているが、私に学問に対する興味を喚起し、学校教師になりたいという志を起こさしめたものは、第一は福田博士であった」(「大学生時代」『小泉信三全集』第一一巻所収)。

福田は若き小泉にW・S・ジェヴォンズの翻訳を勧め、その訳稿を『内外経済学名著』第一冊として刊行するにあたり、長めの「ジェヴォンス経済学純理に序す」(一九一三年三月一六日付)を寄せた。「小泉信三君は慶應義塾が近年に於て産出したる麒麟児の一人なり。……予は慶應義塾に教鞭を取ること前後八年、その間、予が講座に列り、予が門に出入したる塾生千を以て数うべし、然れども頭脳の明快、理解の透徹、学力の優秀、人格の堅固の点に於て未だ小泉君の右に出づるものに接せしことなし。」続けて言う。「第二の堀江博士、第二の気賀教授が予が門下より出づることあらんか、……予は今小泉信三君を得て之を三田の諸君に還付す、予は予が事を成し終えたりと自信するものなり」。「予は嘗て自己の母校に於て同様の信念を懐き同様の努力を試み、僅々三年の在職猶お左右田、坂西両君を得て常にこれを誇りとしつつあり」(「序す」)。

福田が最初の留学から帰った後の東京高商、そして慶應義塾の時代における「福田門下の三羽烏」は、坂西由蔵、左右田喜一郎、小泉信三であった。小泉の後年の言によれば、「数多くのお弟子の中、最も先生に傾倒し、先生の方でも深く信じて愛していた」のは、坂西由蔵であった（『左右田伝』七〇）。福田は、その「学友坂西由蔵君と相図り、『内外経済学名著』なる叢書の刊行」を企て、その第一冊が小泉信三訳、ジェヴォンス『経済学純理』であった（「内外経済学名著 刊行の趣意」一九一三年三月）。一九一三年三月、東京・神田の大火の後で、小泉は前年夏にジェヴォンズの訳稿を脱稿後、すでに秋からロンドンに留学中であった。神田の大火は一九一三年二月二〇日未明で、同文館も類焼し、小泉の訳書も「印刷中にして、本文の原稿は幸い無事なるを得たるも、訳者小泉信三君が苦心の文字より成る序文一章焼失したるが故に、再び訳者に起稿を請うに非ざれば之を茲に載すること能わず。……甚だ不本意ながら今は訳者の自序なくしてこの書を公けにするの已むなき次第」であった（「序す」）。坂西由蔵訳、フックス『国民経済学』（第二冊、一九二八年）がすぐに出なかったのもこの大火のためもあったと思われる。

なお、『小泉日記』一九一二（明治四五）年三月一八日にいう。「ジェヴォンスを読んでしまった。通巻三百頁、簡潔明晰非常に気に入った」。小泉は四月二九日に「ジェヴォンスの翻訳を始」めた。五月一〇日に、「堀江さんが、君の留学の話……、今年の九月頃行けるようになった……と云う。数ヶ月の中に外国へ行くとなると、……翻訳はまず第一に仕上げなければならない」。七月四日に、「学校で福田さんに翻訳出版の事と序文の事を頼む。快諾してくれた」。そして、八月一日、「予定の七月二〇日には一通り脱稿した。二二日には福田先生に見せに行った。……すっかり出来たのは七月三〇日の朝、即ち天子様のおかくれになった日のことである。七月の三〇日から年号は改まって大正となった。ジェヴォンスの序文には明治末年末日と日付けして置いた」。この序文は焼失した。

注

（1）上田貞次郎は、シュモラーの経済論を「真に驚異の感を以ってその斬新なる思想を迎え且つ讃えた」。明治三〇年代半ばの『上田貞次郎日記』は、ドイツ歴史学派が入ってくる過程、福田徳三の帰朝前後の変化、福田と上田の関係を示していて興味深い。上田は明治三六年新年に「福田氏に接近して以来漸く歴史派の何物たるかを認識するにおいて歩を進めつつあり」と書き、同じ年を回顧して「総ての中心は経済学にあり。これを一貫したる精神は、進化の理法が社会にも行わるる事を明かにするにあり」とし、その間「絶えず質問をなし、主張を聴きたる師は福田徳三氏也。他には師事したる人、一人もなし」と述べている（『上田日記』明治二五〜三七年、五六八〜五七三、五七九、五八一）。

なお、駒井重格はラトガース・カレッジで経済学を学び、田尻稲次郎らとともに専修学校・専修大学の創立者の一人であった。訳書『自由保護貿易論』（Henry Fawcett, *Free Trade and Protection*, 1878）、一八八〇年、『ボリュー氏財政論』駒井重格閲・田尻稲次郎訳、一八八〇年、ゴッシェン著『外国為換論』一八八三年などがあり、後に福田は「顕われたる北雷（田尻稲次郎）先生を思う毎に隠れたる我が駒井先生のことを追慕せずして已む能はざる」と書いている（「故駒井先生の十周年忌に際して」『一橋会雑誌』一九一一年一二月）。駒井は、高商に一八九九年三月に着任し、大いに留学生の便を図り、附属外国語学校を独立の東京外国語学校とし、専攻部を二年制にし、商業学士を設けるなど多くの業績があった。母校は校長を送迎すること「実に夥しかった」が、「我々一同が一様に名校長と認めて異論のなかったのは唯駒井先生一人あるのみである」と福田は書いている。

（2）菅禮之助「如意団以前」（一九三一年、『鉄如意　一橋如意団一〇〇年記念誌』二〇〇八年所収）。菅禮之助「一橋三教授——関一、福田徳三、佐野善作三先生のことども」『如水会々報』一九六九年二月。

（3）なお、休職から慶應の教員になる間の興味深い諸相は、（金沢二〇一一）に詳しい。福田はこの時マルクスを

「耽読」し、また慶應の正規教員になる前に、科外講義を嘱され週一回三田山上の講堂で講義をした（『著作集』第一巻（二））。

（4）　左右田は一九〇四年一〇月～一九〇五年四月の学期ケンブリッジに在学し、マーシャル、カニンガムに就いたようであるが、一九〇五年五月にはフライブルク大学に入学した。

（5）　チュービンゲンに留学した梅田政勝の「所感」（故左右田博士記念会講演（其二）、『如水会々報』一九二九年二月）も参照。

（6）　この全集版『経済学講義』（『続経済学講義』、『改定経済学講義』合纂）が現行の『福田徳三著作集』第一巻『経済学講義』の底本であり（詳細は第一巻「解題」を参照）、『国民経済原論』、『経済原論教科書』は『著作集』第二巻に収録される。

（7）　『経済原論教科書』は、『経済学教科書』（一九一一年刊行）を、一九二四年に「全篇にわたり添削校訂」し、政策篇と区別するため書名を『経済原論教科書』に改め、その後の、「斯学の進歩と著者所見の変遷とに伴い内容にはやや著しき補正を施した」。「殊に第一編第一章基本概念は全くその趣きを改め、……第三編流通の諸章就中、貨幣及び価格の両章並びに結論には推敲剪裁を加えたる所鮮からず。かくして著者はその微力の及ぶ限り、本書を斯学最近の進歩に後れざらしめんと期した」（「経済原論教科書 序」一九二四年一二月二日）。

（8）　この心酔者は佐藤俊輔で、小泉は佐藤と親しく、日記にも出てくるが、病気で亡くなり、一九一一（明治四四）年七月三日のお葬式には福田も会葬したようである（『小泉日記』八〇）。

# 第3章　『経済学講義』とマーシャル『経済学原理』――有機的成長と厚生経済論

## 1　「自由な産業と企業の発達」・「経済的自由」

『経済学講義』第一編「総論」の第二章「産業の自由並に企業の発達」（「自由な産業と企業の発達」）は、人・人間性と企業の社会的発展の跡をたどる上で特別に重要であった。アルフレッド・マーシャルは『原理』第四版までは、第一章序論に続いて第二、三章で産業の歴史的変遷の大要を示し、以下の説明の準備とした。第四章は「経済学的思想の発達」を示している。これらの章における根本思想は、「経済生活は一定不易のものにあらず、絶えず進化発展の行程上にあり、経済生活に関する経済学もまた一つの生命の学にして（economics is a science of life）、自然科学に例を求めるときは、力学に属せず、生物学に類するものなるを示さんとする」ことにあった（第一巻一〇、マーシャルからの引用は『原理』第四版の第一編序論の最終節）。しかるに第五版以降マーシャルは、第二、三、四章を本文より移して、付録A、Bに収録した。

福田は『経済学講義』において、最終的に『原理』第五版でのこの構成上の改訂を取り入れないで、『講義』第一編に歴史的な諸章をそのまま残した。いわく、本新版（全集版『講義』）においては、「大体マ氏書の最新版（八版）を参考したれども、歴史的な三章を本文より割りて付録に移したマ氏に倣わず、旧版の態を存し置きたり」と。経済学の本論にはいる前に、「歴史的考察の重要を十分知悉し」、「史的発展の大要を暗んじ」、近年、「内容空疎なる偏哲理的傾向の我邦に行わるるに対し、歴史的・実証的研究の立場を明かにしておく」ことの必要という理由であった（第一巻一二）。

福田によれば、マーシャルの歴史的叙述は、ドイツの学者をそのまま踏襲せず「自家一流独特の結構」をたて、人と「独立自治の発展を中心に一般の変遷を観察し、企業発達の行路をもって全体を一貫せしめ」、それはグスタフ・シュモラー、カール・ビューヒャーの経済形態中心の叙述法と相まって学者の見解を広くするのに効果があった。マーシャルは、産業の自由ならびに企業の発達は「人格の尊重、個人性の伸長なくしては到底望むを得ざる所以」を明らかにしており、人・人格の成長という観点が重要であった。ドイツ歴史学派の段階説は、財充用組織の形態に着眼し、経済行為・財の獲得・生産の活動を第二位に置いているが、マーシャルは、活動の方面たる財獲得組織としての企業（およびその前提としての産業自由）の発展に論を立てていた（同三一、三四）。

マーシャルは総論において、現在の経済組織は長い歴史的発展の結果として到達した一段階であることを示そうとして、経済的自由の代表者また負担者としての企業の発達を概論した。このように解するとき、「自由な産業と企業の発達」は「必ず劈頭に置くべき」で、またその叙述のきわめて総合的なことに首肯せざるを得ない。しかるに、マーシャルが第五版以降、これらの章を本文から付録に移したのは「遺憾なきを得ない」のであった。『改定経済学講義』で、福田は「マ氏の顰《ひそみ》に倣い」、補論に移したが、それは「主として、氏の原文に忠実ならんことを期したる」ためで、全集版では「旧版の態を回復した」のであった（同五八）。

マーシャルが第一章でいう要点は二つで、①社会大多数向上の急務、②近代経済生活の特徴は競争でなく、「深謀遠慮」すなわち“deliberateness”であり、「この両者を一貫する根本の精神は、人格の尊貴を認識する一事にして、これに関する氏の論は敬服の他なし」であった。「現時の産業生活の特色を言い表すに、競争なる語をもってするは甚だ穏当を欠くもの」で、「独立自治の習慣、深謀遠慮、自由なる選択をもって精神とする現象を言い表すべき語」が必要で、それには「産業及び企業の自由」または「経済的自由」という語が適切であった（同一七、九～一〇。強調は引用者）。

福田は『講義』第一編総論の付録「経済学研究の栞」（全集版で大幅に改訂増補）でもマーシャル『原理』の重要性を強調し薦めている。「経済学の研究に従事せんとするものの読むべき、斯学現今の最も進歩せる立場を代表する学者の書を求むるに、その数多からず。予はその書としてマーシャルの大著（原文を解せざる人は大塚教授の邦訳、大正八年四月刊行『マーシャル経済学原理』を見るべし）を躊躇なくすべての人に薦めんとす。」福田は、この「栞」で『原理』を第八版（生前の最終版、一九二〇年）まで掲げている。また、本書校訂中に「マ氏は八〇余歳の高齢をもって、ついに易簀《えきさく》したり」（有徳の人の死、一九二四年七月一三日）とも書いている（同一四六～一四七）。

### 最初の大塚金之助訳『経済学原理』

福田が慶應で講義を始めた一九〇五（明治三八）年にブレンターノの序文を付した『経済学原理』（第四版）のドイツ語訳が出ている。ブレンターノの序文は大塚金之助訳、マーシャル『経済学原理』序冊（一九一九年）に掲載されている。大塚訳に福田は「補訂者序文」を付し、マーシャルの『原理』が、「現在経済学の最高頂に立つものなることは、恩師ブレンタノ先生のドイツ訳書の序文に公言せられたる所に、一言の増加を試むる必要なし」と書いている。大塚は自ら語るところによれば、東京高商専攻部経済科助手に任命され、福田の「厳格なる薫陶」に浴する傍ら、『原理』第七版（一九一六年）の翻訳を始めた。「しかるに業半ばにして欧米留学の官命を受け、……急遽既成稿の一部を整理して博士の下に提出し、之を研究報告に代えた。この訳書の上梓を決したるはその節の博士の慫慂《しょうよう》による。」こういう事情のため、「第六編の一部と附論及び最も難解の称ある第五編を欠くのやむを得ざるに至れり。」要するに、大塚の最初の訳は、『原理』の第五編第二〜一四章、第六編第一、二章、第一二、一三章、付録および数学付録を欠いていた（大塚金之助訳マーシャル『経済学原理』序冊（佐藤出版部、一九一九年）、補訂者序文一頁、例言（大塚）一〜三頁）[1]。

なお、一九一九年に東京帝国大学に入学して矢作栄蔵に経済学を習った東畑精一はおよそ次のように語っている。たまたま当時大塚金之助がマーシャルの『経済学原理』を訳された。その最初の版には、マーシャルの有名な第五編、後になって純粋経済学の発展の芽となったような第五編が（序章だけが確か訳してあったが）殆んど訳してないのです。それはよく考えてみると、「当時の日本の理解では経済学というのは、ほんとうの経済学ではないのですね。福田徳三先生の『国民経済学講話』にも、もちろんこの第五編に当たる経済学の本体は書いてない。同先生の『流通経済講話』というのを読んでみても、価格というところでもう話は止まっているのですね。全部が経済問題の周囲のまあ与件みたいなことの話で終わっています」（中山『全集』別巻、二二五）。東畑は「大学を一年過ぎた春の休み、福田先生を訪ね」、「どういう本を勉強したらよい」か尋ねた。それに福田は、「初めてやる者はなんでも書いてあるものがよい、そういう意味でフィリッポヴィッチがよい」と答えたという。(2)

## 一九二〇年代のマーシャル研究

この時期には、『産業と商業』一九一九年（第三版、一九二三年）、『経済学原理』第八版、一九二〇年、『貨幣・信用・貿易』一九二三年、そしてマーシャルの死後に *Memorials of Alfred Marshall* (A.C. Pigou ed., 1925) が出版され、日本でも佐原貴臣訳『産業貿易論』（宝文館、一九二三年）、松本金次郎訳『貨幣信用及商業』（自彊館書店、一九二七年）、大塚の『経済学原理』完訳一九二六年、廉価版一九二八年（いずれも改造社）が出て、戦前の日本におけるマーシャル研究の高揚期であった。改造社の雑誌『社会科学』が、「マーシャル研究」の特集号（一九二六年一月）を出したのもそういう状況下のことであった。この「マーシャル研究」特集号には福田の後続世代の気鋭の八人（土方成美、猪谷善一、向井鹿松、阿部賢一、中山伊知郎、高島佐一郎、小泉信三、石川興二）が寄稿し、最後に中山・猪谷の「故アルフレッド・マーシャル文献集録」が *Memorials* 所収のケインズ「マーシャル伝」および「著作目録」に拠りながら書かれ、マーシャル追悼号の色彩を強めている。同じ一九二六年五月の『企業と社会』（第二号）に、上田辰之助は「アルフレッド・マーシャル」論を *Memorials* を詳しく紹介する形で書いている（『著作集』第五巻所収）。そして、この *Memorials* は宮島綱男監訳『マーシャル経済学論集』（宝文館、一九二八年）として、第三部書簡を除いて訳出・出版された。

ところで、日本の学界におけるスミス生誕二〇〇年を記念する一九二三年の様子とマーシャルが逝去した一九二四年の様子との間には大きな違いが見られる。高島佐一郎「マーシャル博士第八十誕辰《たんしん》〔誕生日、「辰」は時の意〕に際しての業績の回顧」（『国民経済雑誌』第三五巻第三号、一九二三年）は、それを批評しているが、この論稿には「佐原教授訳『マーシャル産業貿易論』評」が付され、『産業と商業』受容の一端を教えてくれる。[3] 高島は留学の帰途、一九一九年九月八日に、出版元のマクミラン社に行って「新刊早々のこの一書を求め」、船上で読んだ。高島の論稿には、『産業と商業』の最終編最終章第八節「将来における社会改造の可能性」についてやや詳しい評があり興味深い。この箇所は「経済学者の旧世代と新世代」の結びの部分とほとんど同じ文章で、「経済的将来の可能性」＝資本主義の前途に関わるマーシャルのヴィジョンを示している。それは「マルクス派社会制度革命観に対する反提言」と見られるべきであった。高島はこの論稿を「マーシャル博士とピグー教授――厚生経済学と社会政策」という短い節で結んでいる。それによれば、ケンブリッジ郊外（ベリオル・クロフト）に「不休の読書思索而して執筆に従われているこの老儒の経済、社会政策上の見解には、真に生命によりて書かれた真摯な提言が満ちて」いた。「社会改造の業は可能なれどもその制度改造には人心の改善を伴わざるべからず、人心本能の改善は然るに外来的に一撃もて行わるべきにあらずと為し、故をもって一面人間本能を漸次社会的ならしむると共に他面改善せられたる労働条件と統制せられたる企業自由及び所有権制度との運用をより高き平準に引上ぐるを刻下の急務なりとする」。高島は続ける。A・C・ピグーは教授就任講演で、経済学に志したのはマーシャルが与えてくれた「人格的霊感」であると述べ、ロンドンの貧民窟を見てその憐れむべき同胞を救うべく力を尽くすよう「衝動」せられたために経済学を志すのであれば喜びとすると高唱し、「大なる師匠の宿志を発展させ」て、今や厚生経済学に一機軸を打開しつつあった。「人間本能の変化は姑らく舍《お》く、吾人眼前に見る所の社会悪 social evil を仮《かりに》し細《さや》かづつなりとも剋服しゆきて社会善 social good を将来せしめんとする社会的熱意が経済学研究の主動因たり来たるあって、云いかえれば経済政策の社会政策に合体する如きのあるあって、庶幾《こいねがわ》くば共産主義的猪進の雄叫びが緩和せられ其処に穏健なる社会改造ついには遂行せられるであろう。厚生経済学の建立を里標とし社会政策上の帰趨を徹視しつつ経済純理を講じ経済政策を論じるの学風は、かくてマーシャル及びその後継者の熱意努力によってすでに門を開かれた」。高島は、「アルフレッド・マーシャルの一側面観」（『国民経済雑誌』第三七巻第五号）で、C. P. Sanger の "Obituary"（*Nation and Athenaeum*, 19 July 1924）に拠りながら「この巨人の片鱗を偲」んでいる。さらに高島はこの両論稿において、マーシャルが『貨幣・信用及び商業』の冒頭で言及している「社会進歩の可能性」に関わる「かの、待たれたる『社会政策』上の著述」、もう一冊の未完の著述にも触れている[4]。なお、「もう一冊の未完の著述」については、Caldari and Nishizawa eds., *Marshall's Last Challenge*, 2020 を参照。

## 2　『経済学講義』と「厚生経済」

福田は『経済学講義』をマーシャルの『経済学原理』冒頭の一節で始めている。「経済学は日常生活の行事における人類［人間］を研究する学問なり。その考究の主題は人間の個人的・社会的行動の中について生活維持に要する物質的用件の獲得及び充用に関する部分これなり」。すなわち、「経済学は一面富に関する研究たるとともに他面人間研究の一部たり。しかして後者は前者に比してその重要遥かに勝れたり」。そして、「人の性格は日常経営する業務によりて形つくらるるものにして、人が日常の行事によりて獲得する物質的要件の性質如何は、その性格を左右し影響すること宗教的理想を除いては他にこれに勝るものあらず」(第一巻三)。

宗教の重要性はさておいて、所得の大小がその人の性格形成・人間性の形成に及ぼす影響は、所得の獲得の仕方＝仕事にも匹敵するもので、下層民の肉体的・精神的・道徳的な不健全さは貧困こそが主要な原因であった(同四)。「すべての人々が、貧困の苦悩と過度に単調な労苦のもたらす沈滞的な気分から解放されて、文化的な生活を送る十分な機会をもってその生涯を始めることは本当にできないのだろうか」というマーシャルの主張は(Marshall 1961a, 4: 訳Ⅰ六)、いわば「時代の精神」であり、創設期の厚生経済学の歴史的背景であった。福田は『原理』を説明していわく。「貧乏と無学とを全然人類社会より駆逐せんとの希望は、一九世紀における欧州労働者の著しき進歩の実績に徴するときは、必ずしも空想に終らざるに似たり」。「社会の人間ことごとくが、貧乏の苦痛と過大なる機械的労働とより来る堕落の影響とを少しも蒙ることなくして、文明的生活を営む機会を平等に有すること可能ならずやとの思想は、単に理想たるに止まらず、着々実際上に重要を得んとす」。もとよりこの問題は経済学だけで解決できるものではなく、その解答は人類の道徳的・政治的能力如何に関わるものであるが、大部分は経済学研究の範囲に属するものにして、「斯学研究最高最重の趣味、実にこの一点に存せり」と(第一巻五〜六)。

マーシャルが『経済学原理』冒頭の章で、従来の経済論がひたすら富の研究に重きを置いて、「人間の学問なるを忘れたる謬見を劈頭《へきとう》第一に排斥し」、経済学は「社会を構成するすべての階級にその精神的発達の物質的基礎を充実せしむること」が、その「最重の職分」たることを明らかにしたことは、彼の学説が「最も進歩的なる所以」であった。経済学は人間と富との関係を研究するものなりとし、「その関係は単に富の多少を云うにあらず、人間に他のより高き発達、より貴き活動を得せしめんがために必要なる物質的基礎が均等に与えられあるや否やを意味すとしたるは、……よく経済学の真正なる地位を道《い》い破りたるものにして、……新派と云い歴史派と云い倫理派と云うも、その根本の思想は決してこれ以外に出でず、現今斯学《しがく》の最も高き立場を示して余蘊《ようん》〔あますところ〕なし」（同一五～一六）。このような主張はマーシャルも繰り返し論じたが、これこそがおそらく福田にとっての「厚生経済学の大宣言」であった。

福田は『講義』第一編「総論」において、経済学におけるイギリス派とドイツ派を比較している。前者を代表するのはマーシャルであり、後者の代表はシュモラーであった（同一二）。ドイツ派を批判し、経済学の現状をおよそ次のように概観する。「現今ドイツ学者通有の弊は、政策と記実とにもっぱらにして、純理の明確を重視せざるにあり」。しかし、W・ゾンバルト、F・オッペンハイマー、R・リーフマン、O・シュパンありて、「理論的研究勃然として興るの観」あり。オーストリアにおいては、カール・メンガーが出て「オーストリア派なるもの盛んにして、理論経済学に貢献すること甚だ大なり」。とくに、ベーム・バヴェルク、F・ヴィーザー、J・A・シュンペーター等の効は没すべからず。その他、フランスのルロワ・ボリュー、E・ルヴァスール、アメリカのJ・B・クラーク、S・N・パッテン、I・フィッシャー、スイスのレオン・ワルラス、イタリアのM・パンタレオーニ、アキレ・ローリア等あり、とくにV・パレートの研究はすこぶる重要であった。しかし、「現在経済学者の最大権威たるものは、実にイギリスのマーシャル」であった。マーシャルは「一方においてはドイツ学者最近の研究に通暁し、その長を収むると共に、他方にはイギリス学者に特有なる純理的研究を忽《ゆる》がせにせず、方今斯学の最も進歩せる立場を代表する学者にして、同時に世界経済学の最大権威として仰がるる所」であった。また、「その門下の逸材ピグーはマ氏の後を承けて、さらに研究を進め、現在壮年学者の白眉」であった（同七五〜七六）。

福田は続けて言う。イギリス政界の大問題となった老齢年金制度は、マーシャルの説く厚生経済思想が一般に認められたもので、『救貧法委員会報告書』にもこのような思想が識者の間に是認されようとする様子を看取できた。その「少数意見報告」は「大いに要を得た」もので、ウェッブ夫妻の『防貧論』（一九一二年）とあわせて読むべしと言う。さらに、マーシャルの思想を継承して大成したと見られるピグーの『厚生経済学』（一九二〇年）は必読を要した。そして、それを福田自身の『社会政策と階級闘争』の「価格闘争より厚生闘争へ」の章以下と比較参照することを切望している（同一九）。『経済学講義』の附録「経済学研究の栞」でさらにいわく。数理的傾向を帯び、マーシャルの後を受けて、厚生経済学の見地より、若干問題を取り扱いたるピグーの『厚生経済学』は、「現在経済学の最高点を代表」し、著者の将来は「刮目して期待すべき」もので、「予は最も熱心にこの書の一読を薦めんと欲するものなり」と（同一六一〜一六二）。

**生存最低限**

福田は、「生存権概論」（一九一三年、第五集下所収）の「総説」の最後でマルサスの人口法則（『人口の原理』第二版だけにある著名な箇所）を引用している。いわく、「すでに占有されている世界に生まれ来る人は、彼が正当の要求を有する親より支えられるか、社会が彼の労働を要するかにあらざる限り、最少量の食物をも権利として要求するを得ず。しかして事実において彼が在る処に在るべき用なきものなり。自然の備うる盛大の饗宴において彼がために座席は設けあらず。自然は彼に去れと命ず、しかして速やかにその命を執行するなり」（第五集二〇二三〜二〇二四）。この箇所は、「人口法則と生存権――マルサス対アーサー・ヤング」（一九一五年、『改定経済学研究』）、「マルサス人口論出版当時の反対者とくに生存権論者」（一九一六年、『経済論叢』「マルサス生誕一五〇年記念号」、第三集所収）でも、W・ゴドウィン、N・コンドルセvsマルサスあるいはマルサスvsヤング、T・ペイン、あるいは人口法則vs生存権・社会政策の関係でよく引用されている。そして、福田はその後のイギリスにおける社会政策による匡正の歴史を述べ、ウェッブ夫妻の「国民最低限」に触れている（なお、ウェッブ夫妻は一九一一年に来日し、慶應義塾でも講演し福田も聞いている）。また「生存権の理論的根拠」で、後世の出立点としてゴドウィンを論じ、福田の時代になって、「現今経済学の立場において生存権の名辞は必ずしもこれを認めずと雖も、実際において国民経済最高の職分として論ぜらるる所の内容は、実にこれに一致するを見るなり」とし、その一例としてフックス『国民経済学』（第二版、一九〇五年）から引いていわく。「国民経済の一般的普遍的職分は、人類の生活にその必要なる経済上の基礎を供し、これによりて一切の高尚なる目的に向て努力するを得せしむるにあり。従てまず第一に各人に少くとも外界文化の最低限――生存最低限・人類らしき生存――を与うるにあり、これ人類の大多数に取りて一切の精神的・道徳的発達の前提たり」。この引用に続けて、アントン・メンガーはまた、「生存欲望の充足は生存権の根本なり」という（第五集二〇二九～二〇三〇）。これは、『経済学講義』の冒頭で「現今斯学の最も高き立場」として論及しているマーシャルの『経済学原理』冒頭の部分と同じ考え方であろう。そして福田は「生存権概論」で、生存権の「実際的施設に」ついて、歴史的な検討をした後に、とくにイギリスの老齢年金制度に論及し（穂積陳重の「英国ニ於ケル養老期金法ト社会権」（『法学協会雑誌』一九一〇年）に触れ）、「イギリス最近の急激なる社会政策の実行は、時運を駆りてついに根本の問題に帰著《きちゃく》せしむるの趨勢を示すものなきにあらず」、「これ二〇世紀の最大問題の一つたるべし」と書いている（第五集二〇三〇、二〇三四）。老齢年金法は二〇世紀初頭における「リベラル・リフォーム」の一環であり、福祉国家の起源に関わる問題であるが、福田は福祉国家を志向し、その「社会政策思想は日本の福祉国家論の先駆」であった（池田信『日本的協調主義の成立』一九八二年、一五九）。（なお福田は、ピグー『厚生経済学』を讃えながら、最終章の“National Minimum Standard of Real Income”に触れていないようであるが、なぜだろうか？）

## 主観価値と客観価値

『経済学講義』第二、三、四編は大体『経済学原理』の構成に即している。マーシャルは、第二編で経済学の基本概念を説明した後、第三編で需要・消費・欲望を論じて、第四編で供給・生産・努力を論じ、「欲望を測る価格が努力を測る価格と均衡を得る原因」を追究しようとする（Marshall 1961a,

49: 訳Ⅰ六三)。マーシャルがまず第三編で、欲望・需要を論じたのは、リカード以降、供給・生産に要する費用の側面が重視され、ジェヴォンズに至るまで効用・消費の側面が軽視されていたからであった。

福田は、『講義』第三編「欲望とその充足(需要論)」で、「富の増殖をして、なおより多く社会一般の幸福を進むるに足るを得せしむべきか」という問題は、「近来マ氏高足《こうそく》の門弟ピグーが主張し」、福田の「衷心より賛同する厚生経済の見地」を言明したものと述べている。福田はまずマーシャルの説明を要約し、リカード流の生産費本位論に換えて需要の研究を重んじ、交換価値も畢竟、「欲望充足の力あるがために重視せらるるもの」で、生産の研究とともに需要・消費の研究に勉める、という。そして、これに加えるべき根本要因を、「下層人民の状態に研究の眼を注ぐ」ことだとして、以下のように続ける。従来の経済学は、生産者の経済学、企業家の経済学、「貨殖学」、「到富学」であったが、「富の充用という最終の目的より観察する方面(即ち厚生経済)」の必要が認識されるようになった。経済学は、「生産の学たるとともに充用の学」であり、「企業家の学たると同時に労働者の学」、「生産財に対する需要(利用)を研究する学」であることが認識されるようになった(第一巻二四七～二四九)。

第二章「欲望と経済行為」(『原理』では「活動との関連における欲望」)で福田は言う。従来、経済学で欲望を説くこと「甚だ簡単にして、議論、また甚だ浅薄、殆ど学説としての価値を有せず。」マーシャルも「この範囲を脱せず」と。この点はF・B・W・ヘルマンからシュモラーに至るドイツ学者の研究が、はるかに精到綿密で、とくに欲望の研究を試みたブレンターノに至って然りだという(同二五一)。その上でマーシャルの「断案」を引用して、いわく。消費論が経済学の根底だというバンフィールドの論は真ならず[5]、歴史を解釈する上で重要なのは欲望の学理でなく行動の学理なり、と。福田も言うように、マーシャルはハーンの『プルトロジー』(W.E. Hearn, *Plutology: on the Theory of the Efforts to Satisfy Human Wants*, 1863)に触れてその章を結んでいる。福田によれば、マーシャルは正統学派の旧套を脱せず、欲望の研究は経済学以外にあるべきものという見地である。行動すなわち経済行為に重きを置いて、「経済行為の淵源なる主観的方面を軽んずるは、マ氏の如く従来の客観主義を守るものにおいては異とするに足らず」。「マ氏の見解に反対するは、主観学派たる独墺学者のほとんど全部がとる説なり」。ブレンターノによれば、経済の出発点は欲望で、欲望は経済学の学理的基礎とバンフィールドが言うのは至言と言わざるを得ないのであった。しかし福田は、資本主義経済についてこの言をそのまま受け入れることはできず、むしろマーシャルの方が当たっているとし、その上で欲望を利用にすれば当を得たりと結んでいる(同二五四～二五五)。

また、『講義』第三編の第三、四、五章は、利用の逓減、限界利用、需要の弾力性、限界利用均等の法則等、新古典派の数学的な扱いに適している箇所である。そこで福田はジェヴォンズ、オーストリア派に論及するが、数理経済学の源はH・H・ゴッセンにありとし、「今日オーストリア派の新説として世に知られるものの多くは、ゴッセン既にこれを五〇年の前に道破せり」としている。いわく、「数学を応用して経済現象を論究し、ほとんど今古独歩の功を立てたる者は、ドイツの学者ゴッセン」なりと。しかし、ゴッセンの原本は入手が困難なこともあり、手塚寿郎の『ゴッセン研究』(一九二〇年)を薦めている(同二七〇～二七一)。

## マーシャルの消費者余剰と福田

『原理』第三編第六章「価格と利用」（福田は「効用」という用語を用いていない）における消費者余剰を説明して、福田は『講義』でおよそ以下のように論じている。物を生産し購入するのは、代価として支払うよりも、購入して得る物の方が利用（効果）が多いためである。「物の価格は、その最高利用の点まで達することなく、已《や》むを得ざる場合にはこの点までは支払うを辞せずと認むる価を支払う場合は稀《まれ》にして、大抵はそれ以下の価格をもって贖《あがな》い得るものなり」。支払わんとする最高の価格と実際支払う価格との差額を称して「消費者余剰」（"consumer's surplus" は『原理』第四版からで、それまでは "consumer's rent"）と名づける。消費者余剰は、購買によって得る「余分の満足」であり、この余剰を「市場事情（conjuncture）より享くる消費者の利益」としている（第一巻三〇〇、三〇六）。

福田は、マーシャルの「『消費者余剰』論に服し能わざること既に久しく、思索を重ぬる数年、今日に至りてなおその説を改むべき所以を見ず」という。さらにいわく、「消費者に余分の満足あれば、生産者にもまたこれあるべき理なり。……」「もし『消費者余剰』なるものありとせば、『生産者余剰』なるものも、またなかるべからざる理なり。しかるに、マ氏はその一方のみを説きて、他方に及ばず、理、然るべからず」と（同三〇〇、三〇二）[6]。福田はここでは、マーシャルの生産者余剰にも『原理』の付録K「余剰のいくつかの種類」にも言及していない。またいわく、マーシャルの余剰論はたしかに「真理の一面を伝えたるものにして、マルクスの余剰価値論と対照してこれを察するときは、興味深き種々の問題を暗示す」と（同三〇七）。

福田の早くからの強い関心は「消費者余剰」よりも「余剰」一般にあった。そのことは、『経済学講義』第五編「流通総論」の第三「章流通生活の動力」（＝余剰価値）、第四章の補論、第五章「余剰価値と利潤」に明らかであり、また初期の『続経済学研究』の第一篇マルクス研究の諸論文にも明らかで、流通生活の動力としての余剰→所得→厚生の増大が福田の大きな関心事であった。

このように見ると、福田が惹かれたのは余剰［価値］一般、マーシャルの準地代に近いもののように思われる。リーフマン、パッテン、マーシャルらがいう、費用価値と利用価値との差であって（第一巻四五七〜四五八）、狭義の「消費者余剰」ではないし、マーシャル『原理』における消費者余剰を厚生政策に応用するような議論は福田にはないように思われる。H・ミントが「マーシャルの余剰分析」で言うように、マーシャルの余剰論・消費者余剰論には「二つの側面」がある。一つは、「経済活動の性質と余剰一般（*surpluses in general*）に対するその関係についての広い見解」（準地代）であり、もう一つは、「余剰分析の部分形態（*partial* form）における実際的な応用」である（Myint 1948, 142-149）。（基本的には後者が最大満足説、ピグーの"general optimum"になって新古典派的な厚生経済分析の基礎を形成してきたのであろう）。しかし、マーシャルには、ミントが言うような「古典派の人間対自然観」、"labour-theory outlook"といった、より哲学的な観点、相対的というより絶対的な余剰観が深く入りこんでおり、福田の関心は基本的にはこの後者であり、それを展開したように思われる。

マーシャルについてよく言われる消費者余剰を基礎にした厚生経済分析について、福田はほとんど言及していない。『原理』第三編第六章でも触れられる、特定の財に課される間接税がもたらす厚生上の超過負担にも『講義』ではとくに言及がない。もともとマーシャルの消費者余剰・消費者地代は、税負担に関わる議論で用いられた。福田は、マーシャルの『原理』第五編第一三章「最大満足説との関連からみた正常な需要と供給の変化についての理論」で提示されている、経済的厚生を増大させる手段として収穫逓減・逓増下で生産されている財への課税・補助金政策についての議論にも論及していない。『原理』の当該章への言及がおそらくないし、そういうものとしての新古典派的な厚生経済分析は福田にはないように思われる。

そもそも厚生経済学へのマーシャルの重要な貢献は、最大満足説に例外を提示して、市場の失敗を考慮したことだという。シュンペーターによれば、マーシャルのこの側面での貢献は二つあり、一つはジュール・デュピュイの消費者余剰を再発見し、厚生経済学の応用に適していると思われた分析用具を提供したことである。シュンペーターはマーシャルが定式化した厚生経済学の命題を以下のように述べる。「ある社会における満足の総量は、収穫逓減に服している商品の生産に課税し、その税収を収穫逓増に服している商品の生産に補助金として交付することによって、完全競争下の完全均衡状態において自由放任のもとで達成されうる最大量より大きくなりうるかもしれない」。実際、「最大満足の学説」と言われた「完全競争的な均衡状態の効力」は、様々な立場から疑問視されてきた。しかし、マーシャルがしたことは、「理論の平面において個々人の行動を、自由放任の路線よりいっそう一般的厚生を増進させるのに役立つような路線に転じうる可能性を考察した最初のもの」であった(Schumpeter 1954, 1070: 訳、下五八八~五八九)。マーシャルは、需要・供給の安定的な均衡点は最大満足の地点だという見方を修正して、収穫逓減産業に課税し、その税収を収穫逓増産業へ補助金として支払うという計画を明言することになった。そこには、彼自身が言うようにC・F・バスティア『経済的調和』の時代以来、「抽象的で大胆な学説が大いに流行している」ことへの大きな批判・修正という側面があった（Marshall 1961a, 470: 訳III一九二）。

ここで、「この師にしてこの弟子あり」と言われた若き中山伊知郎の「消費者余剰の観念に就いて」（『商学研究』一九二四年三月）に触れておきたい、中山の二つ目の公刊論文で、マーシャルの消費者余剰について日本では先駆的なものだと思われる。中山は、冒頭でいわく。「経済学が富の研究にして同時にまた人間研究の一部門である事を高唱した」マーシャルの『原理』において、「消費者余剰の考察はその最も人間的なるものに属する」。福田の価格経済学に対する厚生経済学の要求は、「観点の相違、立場の転換」に始まる。今日の流通経済が貨幣・貨幣的評価を離れて考えられない以上、経済学における価格の占める重要を否認する訳にはいかない。故に、貨幣経済学に対する非難は、「価格を過重し、その結果、これと生きたる人間生活との交渉を説く事少なしという点」において成立する。マーシャルが消費者余剰を主題とするのは、「価格と生活との関係を闡明せんとする一つの企画として極めて暗示深きものなる事を信ずるが為に外ならない」。ここでは省略するが、中山の論点は、マーシャルがいう価格と諸個人の利用・満足の相関性であり、ピグーによる価格と利用の一般化とそれに対する批判であった。

**中山伊知郎と杉本栄一**

福田は『講義』の「経済学研究の栞」で、レオン・ワルラスの諸著をあげて次のように述べている。「ワルラスは、クールノー、ゴッセンと相並んで、数理経済学の明星にして、……少しく進んで経済学を研究せんとする者は、必ず節を屈して、熟読玩味せざるべからざるものなり。近来予の研究室における手塚寿郎教授の『ゴッセン研究』の後を承けて、ワルラス、パレート等の研究に従事する中山伊知郎君あり。予は多大の期待をもって同君研究の大成を祈りつつある」（第一巻一六二）。中山は一九二三年の卒業で、その年に卒論をもとに「数理経済学に於ける二つの傾向と其総合の試みとに就て」を、翌二四年には「消費者余剰の観念に就て」（いずれも『商学研究』）、そして一九二六年一月一日発行の雑誌『社会科学』（「マーシャル研究」特集号）には「マーシャルの需要供給曲線」を執筆している。

中山を数理経済学に導いたのは福田であったが、中山は福田の指導下で「クールノー、ゴッセン、ワルラスの主著三冊だけ」を読み、数理経済学あるいは純粋経済学における二つの傾向（経済現象の現象相互間の関係作用の理法を求めるクールノーと、現象のよって来る原因を個人の心理に求めるゴッセンとワルラスの一般均衡論によるその総合の試みを追究していた。レオン・ワルラスの純粋経済学の思想的基礎は稀少性原理であり、中山はそれをオーギュスト・ワルラスから、その表現に関数計算を利用することをクールノーから学んだ（中山『全集』二、一〇九）。同じ頃、中山は、マーシャルの消費者余剰の観念を考察して、「価格本位の経済学」に対して「厚生経済学の先駆をここに見出し得る」とし、進んで『原理』第五編を軸に「マーシャルの需要供給曲線」を執筆した。これは福田が、全集版『経済学講義』をまとめている頃であり、大塚金之助が帰国後に、『原理』の完訳を進めている頃であった。しかし、クールノーの翻訳（『内外経済学名著』第四冊）を遺してドイツに留学（一九二七年）し、留学から帰った中山はシュンペーターの影響もあってワルラスの一般均衡論に純粋経済学の方向を見定め、「数理経済学方法論」（一九三二年）を書き、翌年には『純粋経済学』（一九三三年）を出版し、均衡概念を日本の経済学に定着させていくことになった。安井琢磨が回想するように、マーシャル研究はこの時期の日本の経済学に定着せず、一九三〇年代初期にはワルラスの一般均衡論が主流になった。

中山は、ピグーの厚生経済学を「消費者余剰理論の最も広範なる応用」と書いているが、マーシャルからワルラスへの動きと並行して、マーシャルからピグーへ、"Marshallian partial analysis" から"Pigouvian general optimum" へという動きも進んだように思われる。中山は、「マーシャルの需要供給曲線」では、『原理』第五編第一三章にももちろん論及し（「消費者余剰の観念に就いて」では触れていない）、消費者余剰理論を基礎に需要供給曲線の交点・均衡点を最大満足の状態だとする命題に言及しながら、マーシャルの関心は、「それが単に限られたる意味において正当なることを論証することにある」と述べている（中山『全集』二、三五一～三五二）。中山は一九三六年にはピグーに依拠した『厚生経済学』を公刊している。中山によれば、経済学には実践に結びつく意欲があり、経済学者の心底には、それを実学たらしめる何かがあった。ピグーはそれを厚生経済学という形で力強く打ち出した。それはマーシャルの延長上にあり、限界分析を身につけたピグーが従来のミクロ的な価格メカニズムの領域から厚生政策の領域に大胆な進出を試みたものであった。中山は、その後はケインズ研究、マクロ動学研究に向かう（中山『全集』六、ii～iii）。

他方、福田ゼミで中山の二年後輩の杉本栄一はワルラス、パレートに批判的で、マーシャルの経済学を基本的にマクロ動学、「巨視的動態論」、広義に有機的成長論として理解したように思われる。杉本によれば、現実の経済生活は、複雑なる変動と不均衡とを貫いてそれ自らを貫徹する、絶えざる発展の過程である。したがってこれを静止の状態また均衡の状態において把握しようとするのは、論理上不可能な企てであった。杉本は、「動的発展の過程としての経済学の破綻」を書いていた（『中央公論』一九三三年一〇月。杉本一九三九、第一章）。一九三三年に「静態経済諸量の一般的均衡関係）に疑問を呈し、それに対立するものとしてマーシャル流の「特殊均衡理論」を拉し、実はそれは「均衡」理論とみなさるべきではないと杉本は言う。経済世界は、経済諸量の静的一般的均衡関係として理解されるべきでなく、動的発展の過程として、経済的変動の相互依存関係という側面から理解されるべきで、経済世界を分析する理論的武器として極めて生産的なものは、ローザンヌ学派の一般均衡方程式組織ではなく、クールノー、マーシャルが創始した弾力性概念であり、動的発展の過程としての経済世界を理論的に把握する手掛かりは、この弾力性概念に求められるべきであると杉本は考えていた（杉本一九三九、序）。

## 3　『経済学講義』の構成、『経済学原理』第五編・第六編との関係

従来の通説では、経済学は富の生産、分配、交換、消費を論じる学であった。研究の進歩に伴い、分配と交換は密接な関係があり統一的に考察しようとする傾向があり、福田はこれを「流通」のもとに扱おうとした。需要と供給の関係に関する研究は価値に関する実際問題の根底であり、これを具体的に敷衍するのが分配と交換で、需要・供給論は分配・交換論の準備（基礎）とみて差し支えないのであった。『原理』は、第三編が需要論、第四編が供給論であり、第五編は「需要・供給の均衡理論」、第六編は「価値、すなわち分配と交換」であり、第五版以降は第五編「需要、供給、価値の一般的関

係」と第六編「国民所得の分配」になっている。福田は第五編の価値・価格論よりも第六編の分配・所得・厚生論を重視し、第五・六編を流通篇として、静態よりも動態・発展、有機的成長論としてとらえ、その中で余剰・所得・厚生経済を考えたように思われる。

『講義』第五編「流通総論」は、緒論、流通生活の意義、流通生活の動力、貨幣経済と企業、余剰価値と利潤、という五つの章からなっており、マーシャルの『原理』第五・六編、とりわけ第五編とは自ずと（明らかに）違う（『講義』には『原理』第五編「需要・供給の均衡理論」の解説はない）。既述のように、このもとになっている『続経済学講義』流通篇は、マルクス研究の成果（「マルクス研究に費やした年月と思索の結果」）であった。流通すなわち分配と交換を福田はマルクス研究の成果で論じ、流通総論＝分配・交換の全体を、静学（静学均衡）〔＝基礎〕ではなく動学・動態〔発展〕〔＝活動〕と見て、動学の動因に余剰価値（余剰利用＝所得→厚生の増大、賃金所得の増大）を考えている。流通生活の全体を動態・動的発展の過程としてとらえて、その動因を余剰価値と考えたのであろう。福田の流通篇・流通生活は基本的に資本主義経済論であり、その発展の動因が営利・企業、余剰価値であった。これを福田はおそらくゾンバルト、マルクスから学んだのであろう。

そして、ブレンターノの講義の後編「今日の経済組織」（前編は「経済生活の基礎条件」）（基礎と活動・実態（静態と動態））、シュモラー「財の流通及び所得分配の社会的行程」が、マーシャル『原理』の第五・六編にほぼ相当すると述べられている（第一巻四二二）。福田の『講義』には、マーシャル『原理』第五編「需要・供給の均衡理論」＝静学均衡論、（複合）需要、（複合）供給の内容及び代替の原理のような分析用具に相当するものがそれとしてはほとんどなく、ドイツ歴史学派の影響を強く受け、日本の経済学の黎明期を生きた福田のマーシャル理解の特徴が表われているように思われる。東畑の指摘はおそらくこの点を衝いているのであろう。(7)

## 有機的成長論・発展の理論へ

福田は、『講義』第五編を一括して流通の理論とすることをさらに説明して言う。『原理』第五編と第六編は、従来の四文法で交換論と分配論に該当し、マーシャルは、需要論（第三編）、供給論（第四編）→需要供給調和論（第五・六編）とする『原理』の結構を大体において一貫している。これにすぐに続けて福田は『原理』第六版の序文を引用して言う。「この書を終始一貫して研究の主題とする処は運動を惹き起す力にあり、しかして中心の考えは動学の側にありて静学に存せず」。また、「経済学の主題は、善かれ悪かれ変化と進化とに促し推さるる人間これなり。断片的なる静学的仮定を用いざるにあらざるも、畢竟動学的――またはむしろ生物学的――概念を一時的に援助するの具たるに過ぎず、経済学の中心観念は――基礎論の考究においても――必ず活きたる力と運動の観念ならざるべからず」。そして、福田によれば、この活力と運動の研究に集中する第五編・第六編が、マーシャルの研究の「白眉にして、その精力を傾注してこれを完成するに勉めた次第」であった（第一巻二四五～二四七、四二〇～四二二）。マーシャル自身も『原理』の後は、静学均衡の議論をとくに展開することはなかったように思われるが、福田は、（静学あるいは需要供給調和論の理論的内容を詳細に論じることなく）、『原理』を基本的に生物学的、動学的、有機的成長論として読んでいるように思われる。

## 杉本栄一のマーシャル理解

杉本のマーシャル理解は、福田に近いように思われる。杉本によれば、貧困という人間進歩の敵を資本の増加によってなぜ絶滅できないか、富の蓄積は如何なる意味で人間進歩の条件たりうるか――これがマーシャルにとって、経済学の最終目標であった。そして、未完の最終巻「進歩、その経済的条件」の基礎原理はすでに『経済学原理』で展開されていた（『近代経済学の解明』第五章）。杉本によれば、マーシャル経済学の主題は、「成長および老衰の過程をたどりつつある諸々の個体が、たがいに影響しあいながら複雑な相互依存の関係に立ち、この相互依存組織そのものが、全体として成長および老衰の過程をたどってゆくというような、極めて複雑な『有機的成長』の現象」であった。シュンペーターにおいて「静態的均衡の理論」と「動態的発展の理論」は並列した理論分野であるが、マーシャルにおいては、「静学は動学の一分肢にすぎない」。「あるのはただ動態の理論だけで」、「静態の理論は、単に動態において生々と動きつつある大多数の力をかりに休眠状態においたとき、一般的動態の理論の部分理論として成り立ちうるにすぎない」。要するに、「動学における独立変数たる時間をかりに変化しないものとみて常数とおいたとき、静学が成立」する。杉本によれば、マーシャル経済学の基調は動学的、生物学的で、静学的部分的方法は、国民分配分の分配という動態的全体関連を捉える準備段階の予備手段として利用されているにすぎず、マーシャル経済学が静的部分均衡論というのは誤解であった。

杉本栄一いわく。マーシャルの経済学は価格論（『原理』第五編）において「特殊均衡論的」であるのに対し、分配論（第六編）においては不均衡の要素が暗黙のうちに意識され、「そこに厚生経済学への途が展かれている」という見解は失当ではないだろう。他方、マーシャルの価格理論を原理的に「均衡論」とみなし、これを特殊均衡論から一般均衡論へ発展させることによって価格理論の完成を目指し、経済学体系の均衡論的統一を成就しようとする企てが生じ、パレート流のマーシャル批判が学界に受け入れられた。しかしこのような企ては、『原理』の「大中心問題」を「無数の各種生産要素間における国民分配分の分配」の問題だと認め、第五編を第六編の問題解決の準備段階に過ぎないとする、マーシャルの真意からあまりに遠ざかることである。マーシャルにおける価格理論と分配理論との統一は、「前者の均衡論的色彩を強めてこれを後者にまで拡張することではなく、マーシャル経済学の基本的性格たる現実的精神を以て、経済理論の全体系を貫くこと」である（杉本一九三九、一六三〜一六四）。

なお、マーシャルは『原理』五編第一二章の最後で次のように述べている。「実際我々はここで経済進歩という高度なテーマに入っていこうとしているのであるから、経済問題を有機的成長の問題としてではなく、静学均衡の問題として取り扱おうとすると、不完全にしか表現できなくなる。静学的扱いは思考に明確さと正確さを与え、社会を有機体とみる一層哲学的な取り扱い方に対して欠くことのできない序論を提供することになるが、それは所詮一つの序論にすぎない。／静学的な均衡理論は経済研究の序論にすぎない。しかも、収益逓増の傾向を示す産業の進歩と発展についての研究にとってはほとんど序論ともならないのである」（Marshall 1961a, 461: 訳Ⅲ、一八二）。

## マーシャルと福田——有機的成長、所得と厚生

後述するように、『社会政策と階級闘争』で福田はマーシャルが流通経済論を述べた第五・六編を「価格の経済学」として批判するようになる。「価格の経済学」批判から「厚生の経済学」へ、「価格闘争から厚生闘争へ」という展開になるのであるが、マーシャルに即してみれば第五編から第六編への展開のなかにある側面で福田との類似点・共通点があったのではないだろうか。第六編「国民所得の分配」は、経済的進歩と価値、分配（動態のなかでの価格、交換と分配）の研究であり、賃金所得、労働者厚生、"well-being"の増大、進歩と生活基準の向上はマーシャル自身の大きなテーマであった。マーシャルは第五版で、第六編最後の章として第一三章「生活基準との関係における進歩」を加え、全体に有機的成長論の色彩を強めた。

マーシャル『原理』第五編の需給均衡・価格決定の詳細な分析と福田の実際の価格決定の間には確かに開き・相違がある。福田は実際の価格は力関係で決まる、価格決定は力関係＝実力を反映したものだというが（『経済原論教科書』第一集一四〇〇）、実際生活のなかで力関係が作用すること、分配・交換の中での価格は、「分配の行程における価値の運用論、マ氏が……『所得の分配者としての価値』と名づけたもの」というように（第一巻四二三）、第六編のマーシャルにも見られるのではないだろうか。マーシャルの第六編の所得と進歩（第一二章は「価値に対する進歩の一般的影響」、第一三章は「生活基準との関係における進歩」）、分配・交換の中での価格、賃金・利潤には福田とのある種の共通点があるように思われる。福田は、第五編を超えて（需要・供給の均衡理論の詳細を飛ばして）、均衡（"ceteris paribus"仮説的休眠状態の想定）と実際の経済社会・その発展、マーシャルの第五編（静学）

と第六編（動学・発展、経済進歩・有機的成長）を、流通総論・資本主義経済発展という動態のなかで一つにしようとしたのではないだろうか。(8)

福田の経済学は、余剰→所得（賃金）→厚生→「生を厚く」する、すなわち、"well-being"の増大（→「生活基準」の上昇）、を志向する所得中心の経済学であり、「市場価格中心の経済学」でなく、「価格中心よりはむしろ所得中心」であり、「実際問題を通して経済学を考える」実学的傾向が強かった。山田雄三「一橋と福田経済学――実学的『近経』の系譜」（一九八二年）によれば、「国民所得論の萌芽も〔福田〕先生の理論の間に見られる」のであり、山田は自身や都留重人らの国民所得論（国民所得と福祉）、山田編『日本国民所得推計資料』（一九五一年）、大川一司、篠原三代平らによる日本の国民所得の推計、膨大な実証研究について触れている。このような実証研究に繋がる志向が、福田や上田貞次郎にあった。山田はさらに福田の実学的傾向（→「人間生活の改良の道具」）について述べ、時事問題としての労働・賃金問題、そして社会保障・福祉の問題に論及している。福田は早くからイギリスの老齢年金法などに着目し、厚生経済学という学説だけでなく、当時の実際の福祉国家の要求にもとづく制度化・立法化の動きに注目していた。第二次大戦後の中山伊知郎と労働問題、生産性本部の運動なども「福田先生の実学的系統を引くもの」で、山田自身の社会保障問題への取り組みも「実学的動機」からであって、「福田先生の一面を引き継いでいるつもり」であった。山田雄三は社会保障研究所の初代所長を務めたが、著名な「国民所得倍増計画」の策定にあたり、経済審議会・所得倍増計画部会長（山田は計量部会長、総合政策部会長は中山伊知郎）を務め、自著『国民所得の計画理論』（一九四九年）で展開した視点からの計画の基礎づけを図った。塩野谷祐一は「山田雄三先生への追悼の辞」(有象会編『山田雄三先生 追悼と年譜』有象会(非売品)、二〇〇六年)で、恩師の問題意識は「経済学は抽象的、非現実的な理論を脱して、利害対立を含む現実の政策や制度の調整と取り組むものでなければならない」というものであったと述べたが、山田の学問的姿勢は福田の営為からきているところがあった。(中山伊知郎「賃金(所得)二倍を提唱」(『読売新聞』「日本の希望」一九五九・一・三)等も参照)。

## 補論　余剰価値と利潤

『講義』第五編第二章「流通生活の意義」で、企業を中心とする流通生活の意義は、価値の発展であり、「発展を喚起すべき価値移転の行程の一切」であるという(第一巻四三五)。「経済社会の理法を考察し、その中に自ら発展の動力あり、原則あることを喝破し」、「経済発展の真意を喝破」したのはマルクスであった(同四四〇〜四四一)。福田は、アリストテレス以来の自足主義と営利主義・営利の衝動について説明し、なぜ所要充当の経済は有限で営利の経済は無限なりやと問い、「流通生活の意義と経済発展の真相」はここにあるという。マルクスはそれを資本的と呼び、ゾンバルトは営利主義と言った(同四四一〜四四五)。第三章「流通生活の動力」で、価値の発展に内在する動力は営利・営利衝動→余剰価値だと考え、その仕組みを説明する。まず価値(流通社会における社会的価値づけ)、余剰を生む価値行程の説明、そして価値の貨幣化が説明される。→貨幣化により量化ができ、質の相違がなくなり、営利・営利衝動の無限の発展が可能になる(同四五二〜四五三)。

余剰価値について、「流通生活の動力は、経済学にやや久しく知られたる余剰価値の語をもって指称すること不当ならず」という。ただ、福田の余剰価値という用法は、「マルクスのそれと一致するものにあらず」、トムソンの意味とも同じでなく、「文字そのままに解釈した価値と価値との較差たる余剰の意味」であった。この意味の余剰価値を福田は、久しく懐いていた。余剰価値を流通生活の動力と認め、「数年の間、疑いを懐きて決せず」、ようやく貨幣の概念と結合し、資本の本質と併せ考えることによって、「ほぼ確定の見解を得た」（同四五七～四五八）。

第四章「貨幣経済と企業」では、経営と企業の意義、労働行程と価値増進行程がマルクス、ゾンバルトに依拠して論じられる。福田は、企業の本質、営利経済、貨幣経済の関係をゾンバルト、マルクスに拠って解き、関一、上田貞次郎、坂西由蔵の「経営と企業の意義について」の論争をフォローしながら、両者の関係・意義について議論を進める。経営は技術上の組織、企業は経済上の組織であり、経営は生産上の組織、企業は営利上の組織である（同四七三）。企業と経営の対立も、所詮マルクスに胚胎するというのが福田の論で、ゾンバルトの経営と経済との区別は、マルクスの "Arbeitsprozess"（労働行程）と "Verwertungsprozess"（価値増進行程）を「そのまま取り来れるもの」であった（同四七四～四七六）。福田はここでは「ゾンバルトよりマルクスへ」進んだ。

労働は人と自然との間の一行程であり、労働行程は使用価値の産出の目的に合う行動であった。価値増進行程は、単に使用価値の生産をもって足りず、商品を作らんとし、使用価値のみならず価値を生産せんとし、価値のみならず余剰価値を産出せんとする。「労働行程においては、木綿を変じて綿糸にするという合目的行動が主眼である。労働が合目的なるほど、よい綿糸が生産される。これに反し、紡績工の労働を……価値の淵源として見るときは、その労働は大砲製造工の労働と豪も異なる所がない」(同四七七~四八〇)。

第四章の補論で、価値の淵源、利潤の淵源に論及し、第五章「余剰価値と利潤」で、マルクスの「誤謬」が言われ、スミスの「資本の冒険」説が高評される。マルクスから流通経済・資本主義経済の本質について多くのことを学びながら、利潤の淵源について批判をする。まず補論でいう。企業は危険を冒し一事を敢えてすること、経営は人と物との関係がよりよく、より多く人の満足を購うに至ることで、労働行程の本領にして、技術的と言われる。この労働行程は、経営という組織を有し、企業はこれを手段として利用する。労働が価値の唯一の淵源というのは、労働行程についてのみいえば謬見でなく、リカードは一面でスミスを「匡した」が、他の価値増進行程の方面を度外においたために、誤りが大きくなり、スミスの利潤論がリカードの利潤論よりもはるかに勝れていた(同四八四~四八五)。

そして第五章「余剰価値と利潤」で、利用価値より費用価値を控除した残高が、価値増進行程における余剰価値であることを確認し、価値増進行程における余剰価値としての利潤を説明する。こういう説明の発端はスミスにあり、『国富論』第一編第六章で、スミスは「価格の構成部分」として見た賃金と利潤はまったく異なる性質をもち、利潤は価値増進行程上の余剰であることを明らかにした。これに関するマルクスのスミス理解は「曲解」で、マルクスは労働を価値の唯一の淵源とする宿論に基づき、余剰価値の淵源も労働にのみあるとし、その特殊的形態なる地代も利潤も、「労働産物を掠奪する形式」に他ならないと主張する。この説は誤謬であり、「マルクスの一貫は誤謬の一貫」であった。スミスは、余剰価値の存在を、販売即ち価値増進行程について考察し、流通場裡において企業者が取得する利潤は、「資本の冒険」によって生み出されたものであることを看破した第一人者であった。マルクスが言うように、「掠奪云々のことはスミスは毫も云わず」、スミスは「企業に自己資本を冒険す」と言い、資本家は危険を冒し、利潤の存在理由もこの冒険にあり、報酬の高は冒険する資本額に比例すべきことを明言していた（同四八七～四八九、四九八～五〇二）。

価値増進行程の余剰価値の意味における利潤は、スミスからで、マルクスは、余剰価値を生じるのは労銀として支払われる資本のみで、この部分のみが自己回収以外に余剰を生産するとした。余剰価値は可変資本額のみに対して計算され、利潤の形態における余剰価値は資本の総額に対して計算され、可変資本＋不変資本の資本総額に対して利潤は計算される（第一巻四八八）。余剰価値率はm／vであるのに対し、利潤率はm／cである。マルクスの平均利潤率を考えると、「マーシャルの利潤論とマルクスの平均利潤率論」で言われるように、マーシャルの利潤率論は、「優にマルクスの平均利潤率論と骨子を共同に」する（第四集三八八）ものであった。マーシャルの固定資本をマルクスの不変資本に代え、流通資本を可変資本に代えるとc＋vの結合は立所になり、マーシャルの賃金支払額（wages-bill）をもってマルクスの余剰価値に当てると、余剰価値率は労せずして出てくるという（同三八八～三八九）。「マルクスの不変・可変資本とアダム・スミスの固定・流通資本との関係」についていわく。マルクスは利潤を説明するに、常に労働価値説のみをもって一貫するやというに、ベーム・バヴェルクの明示したように、「平均利潤率の謎の解答は終に再び生産費説に立戻らざれば之を下すを得ず」。「労働価値説より出立したるマルクスは、終に生産費価値説をもって纔《わずか》にその平均利潤説を維持せざる可からざるに至れる」が、「アダム・スミスは始めより単純なる労働価値説をとらざりしが故に、終始一貫の議論を立つるを得た」（第四集四〇四）。「不変・可変資本の説は、マルクスの余剰価値論を支う可き支柱にして、余剰価値論はマルクスの全経済学説の根本的観念なり」。「然るに固定資本・流通資本の説はアダム・スミス以来一の取除なくすべての学者の祖述する所にして、ほとんど不可抜底の斯学の定理なり」と（同四〇五）。

注

（1）大塚金之助は一九一七年一一月に東京高商教授になり、翌一八年九月留学の命を受け、一九一九年四月二三日に『経済学原理』（部分訳）が佐藤出版部から刊行され、四月二七日に留学のため東京を出ている。一九二四年一月に帰国、六月東京商大助教授（一九二七年に教授）、一九二五年四月から『経済学原理』（完訳）（第八版）を改造社から刊行し始め、一九二六年一一月に全四巻を刊行し、翻訳を完成している。一九二八年には『経済学原理』の改訂廉価版が出ている。大塚の訳については、「マーシャル『経済学原理』各版の訳者序文」（大塚『著作集』第一巻）、および西岡幹雄「近代日本の経済学と新古典派経済学の導入――マーシャル経済学の受容とその実態に関する一研究」（『経済学論叢』一九九四年）の「大塚金之助訳『経済学原理』の問題点」を参照。

（2）座談会「日本経済学の中期を語る」『経済往来』一九四三年五月。気賀勘重訳『フィリッポヴィッチ氏経済原論』（同文館、一九〇三年）、同『フィリッポヴィッチ氏経済政策』（一九〇六年、一九一二年）について、この座談会の高橋誠一郎、大河内一男の発言も参照。

（3）佐原は小樽高商教授で、訳書は「脚注、附録及び索引」を除く原著第三版の全訳（東京、宝文館）である。

（4）高島佐一郎は、一九一一年東京高商専攻部卒業で、佐野善作の妹と結婚し一九一四年から小樽高商に赴任、一九二一年四月に名古屋高商に経済学主任教授として移っていた。金融政策、通貨管理研究が専門で、ケインズの紹介も早く「東洋のケインズ」と言われたという（上久保二〇〇三）。なお、都留重人は名古屋市内の熱田中学時代に、通学路の途中にあった高島佐一郎の家を訪ね読書指導を受けたという。都留は高島にG・D・H・コールの *The Next Ten Years in British Social and Economic Policy*（1929）を強く薦められ、コールのフェビアン主義的な考え方は、都留の「晩年まで脳裡の一角に残っていた」（都留二〇〇一、四〇）。

（5）T.C. Banfield, *Four Lectures on Organization of Industry*, 1845.『小泉日記』によれば、福田はバンフィールドも訳そうとしたようである。

（6）初期の著作「トマス・ダキノの経済学説」でも消費者余剰・「消費者賃子」に論及している（第三集八七五〜八七七）。マーシャルの消費者余剰にたいする福田の批判は、『国民経済原論』第一編第一章注（二六）で厳しい。

（7）なお、シュモラー、マーシャルの企業論の位置づけと違い、ブレンターノは企業の説明を第二編「今日の経済組織」の冒頭におき、今日の経済活動の源泉は企業にあると説いており、福田は彷徨の末にブレンターノの説に帰着したという。企業の理論を、マーシャルは『原理』第四編「生産要因」第八〜一二章の「産業上の組織」で詳細に取り扱っている。しかし、福田は、「企業の理論は経済生活活動の劈頭に来るべきものにして、生産論の終末に置くべきものにあらず」としていわく。「今日現在の経済生活活動の『アルファ』にして『オメガ』たるものは独り企業なり。土地・資本・労働は企業の手において結びつけらるるによりて初めてその意義を有し、企業の為めに運用せらるるによりて、始めて経済生活に用を為す。故に経済生活活動の解剖は、先ず企業の理論を正しく理解することより始めざるべからず。」第五編の劈頭に企業の理論をおいて、以下の説明はこの根本的立場より行うのであった（第一巻四一九〜四二〇）。

（8）福田自身が「流通総論」緒論の最後で次のように述べている。マーシャルの需要・供給の調和点は価格であり、「需要・供給の両者相交渉して価格定まり、価格定まりて各人の分配分、すなわち所得定まる」のであった。価格はマーシャルのいう意味で、「国民所得の分配を決定する主宰者」であった。「いかにして価格が定まるや、いかにして価格は分配を定むるや、これ流通論の中心問題にして、また経済学研究の一切が到達す可き最後の問題」であった。ここにいう「流通の問題、すなわち経済的社会における人類行為とその対象とについての問題のみ、……経済学独特の論題なり。……自然現象としての研究にあらず、現に具体的に与えられたる社会関係において、各人各財が受ける所の価値、これ経済学特有の問題たり。さればその研究は常に与えられたる社会関係（『経済学教科書』では「実力」と名づけた）について、試みるの外はなく、これを度外に置きたるものは、……経済学の研究とならず」（第一巻四二九〜四三〇）。

# 第4章　聖トマスへの回帰とラスキン的厚生経済学

## 1　聖トマスへの回帰とその背景

福田の経済学研究・厚生経済研究にはもう一つの大きな原点・原典があった。留学から帰って約一年半後に脱稿し、一九〇三年六月から（一九〇五年一一月まで六回にわたって）『国家学会雑誌』に連載された「トマス・ダキノ〔アクィナス〕の経済学説」であり、その学界へのインパクトについては冒頭でも触れた。「それまで、学者など出っこなしと高を括られていた一橋の一青年教授からあのように卓越した学術論文が発表されたことは一般学界は申すに及ばず、『国家学会雑誌』関係者にとっても一つの驚異であった。一橋の学問を世に重からしめた殊勲者であるといってもいい」（上田辰之助『著作集』第六巻、二三三）。当時はまだ大学は東京と京都の帝国大学しかなく、ちょうど神戸に高商ができ（一九〇二年）、ベルリン宣言から東京高商の商大昇格運動が始まるような時代であった。

これは一五〇頁近い大論文で、「経済学の一切の問題について予が所懐を陳述したもの」であった。最初の第一節は「科学としての経済学。現今の根本問題」と題されている。ここで科学とは、「不偏不党各種の利害と消長との上に超然として、よく客観的の理法を示すべきもの」で、「狭隘陳腐にして誤謬極まれる『ベドニズム』の旧套を脱せざる貨殖論を繰返す経済学よりも、すべての社会階級に通ずる不偏不党の客観的真理を供給するの科学として社会学は却って遥かに研究の価値と必要」があった（第三集、七八五、七八九、七九五）。福田はまず概略を、アリストテレスの「Oeconomik 即ち家計論」と「Chrematistik 即ち貨殖論」、自足経済と営利経済から始め、古代、中世、十字軍を経て貨幣経済の発達とともに、「第三階級の利益を代表する学問 Interessenphilosophie たる経済学」が生まれたが、最近時に至り第四階級の重要性が増し、経済学は「根本的に改造せられるべき時運に際会」して、社会政策、社会学の研究が盛んになっていると述べる。そして、経済学はこの難局に際して「如何なる開展を遂ぐべき」か、ギリシャの哲学・倫理学、ローマの法学のように不偏不党の「独立完全の科学」の如くになることができるか、これ「経済学現今の根本問題なり」と第一節を結ぶ。

そして第二節は「経済学とその淵源」で、淵源には、①キリスト教、②ギリシャの哲学、③ローマの法律の三つがあった。福田にとって、西欧文化の三要素中、その影響の最も深遠なのは、ギリシャ哲学でもローマの法律でもなく、キリスト教の神学思想、スコラ哲学であった。福田は、経済学の根本問題に関する疑問、その病原・陳套を歴史に追求して「中世の教会法の学説」、「教会法学者の中、殊に今日の経済学者の思想の根基たるものを求めて、これを聖トマス・ダキノの経済学説に得たり」と書いている（同八〇二〜八〇四）。西欧文化の三淵源は、聖トマス経済学において「最も完全なる融和を見出す。」トマス・アクィナスの経済学説はキリスト教の神学思想を根底とし、これを時勢に調和するようギリシャ哲学、とくにアリストテレスの哲学（倫理学と政治学）と抱合し、その思想を行うにローマ法の観念をもってした。聖トマスの「絶大なる学問上の功績に満腔の尊敬を捧ぐ」と同時に、「経済学現時の病弊を以て『カノニスタ』学説に桎梏せられて、これを脱する能わざるに帰し、殊に今日の経済学者の思想の根基たるトマス・ダキノの経済学説を以て、これら病弊の最重要なる淵源となす所以なり」としている。トマス・アクィナスの経済学説の中堅をなし、後世の経済学説に最も強い影響を及ぼしたのは、売買および貸借に対する教義、〝Justum Pretium〟「公正の価」と〝Usura〟「利子」に関する学説であった（同八五一～八五四）。

福田は第三節「『スコラ』学者の時代とその経済学説」で言う。中世の自足的封鎖経済は十字軍による東方諸国との交通により急激な変化をきたした。商業・信用が発達し都市経済が繁栄して、第一、第二階級即ち貴族・僧侶・「武士」（騎士）の専制に対して第三階級たる「ブルジョア」の社会的重要性が増した。この新生活に応ずべく、契約の自由と個人の私有権をもとに「貨幣経済の利益を最もよく代表する」ローマ法が再生し、ローマ法の研究が進みボローニア大学はその中心となった。これは第一階級たる僧侶にとって「死活に価す大事件」で、ローマ法に対抗すべき法律と教義を発揚宣伝することに勉めた。こうして〝Jus canonicum〟（教会法）が起こり、〝Jus civile〟即ちローマ法（civile はブルジョア）に対抗した。教会法はよく「ローマ法の氾濫」を防ぎ、一五、一六世紀頃まで表面上は経済生活を支配し、「カノニスタ」の経済学説は「経済学の発達の上に善悪ともに及ぼせる影響極めて重大」であった。今日の経済学説は二つの点、すなわち売買及び貸借に関する教義において、「教会法学者（カノニスタ）の影響を蒙ること著大」であった。この教義は、①〝Justum pretium〟の学説、②〝Usura〟の学説に帰着し、両者とも淵源を聖典に発し、その一は、「何をも望まずして貸し与えよ」、その二は、「汝等人にせられんと欲することは又其の如く人に為せ」（同八一七～八一九）であった。

## トマス・アクィナスとラスキン

福田の研究に触発されて『聖トマス経済学――中世経済学史の一文献』（一九三三年）、『トマス・アクィナス――社会科学の建設者』（一九三四年）を世に問うた上田辰之助によれば、聖トマスは経済学者福田にとって「アルファにしてオメガ」であった。なぜなら、この中世哲人の社会・経済に関する論考は、福田の学問的出立を飾る研究題目となっただけでなく、厚生経済研究にとって豊かな「第二思想」熟成の酵母となったのである。上田によれば、この「第二思想」は不幸にして文字の形では後世に遺されず、その序曲とも見るべき「アリストテレースの『流通の正義』」論をもって永遠に打ち切られている（『著作集』二、五八五）。「アリストテレースの『流通の正義』」は、後述するように、福田の遺作『厚生経済研究』（『著作集』第一九巻）の第一論文である。上田によれば、「トマス・ダキノの経済学説」以後、福田の関心はより現実の諸問題に移り、昔日の愛好題目に復帰しなかったが、二回目の渡欧（一九二五年）を転機にトマス研究熱は勃然と復活した（聖トマスの生地、墓地を訪問）。それは、厚生経済学の建設に対する祈念であり、この「厚生経済学建設の精神的源泉をもっぱらトマス・アクィナスに求め、そこに一つの広淵なる示唆を得ん」とした（上田『著作集』二、二〇一）[1]。

福田は、聖トマス、アリストテレスだけでなく、もちろんアルフレッド・マーシャル、A・C・ピグーにも、ドイツの歴史・倫理学派にも、ホブソンにも厚生経済学建設の源泉を求めた。マーシャル、ピグーの「価格の経済学」を批判し「厚生の経済学」を進めたのは、経済と人間（生）、経済と倫理・徳（社会）を結び付け、富と厚生・福祉の本質を探るためであった。ホブソンに強い影響を与えたジョン・ラスキンも、警世の書であった『この最後の者にも』（*Unto This Last*）への序文で言うように、

「富の正確で確固不動の定義を」示し、「富の獲得が社会のある道徳的諸条件のもとにおいてのみ可能である」ことを示そうとした（Ruskin 1860, 序文）。福田の経済学批判とラスキンの経済学批判にはおそらく共通するものがあった。ラスキンは、功利主義以降の古典派経済学を個人の利己的活動に基づく「マーカンタイル・エコノミー」（「町人主義経済」（河上肇））、“science of business”（ウォルター・バジョット））と考え、J・S・ミルが『経済学原理』の冒頭で「富」の定義を改めてしないで議論を進めていることを批判して、アリストテレスやプラトン、クセノフォンを「ポリティカル・エコノミー」という学問の設立者と考えた。ラスキンが引用するクセノフォンによれば、富とは「勇敢な人による価値あるものの所有」であり、クセノフォンの『家政者』（*The Economist*）では、「富についての欠点のない定義と、その効力が所有者の真価と能力に依存することの説明」とがなされていた（Ruskin 1860 序文、Ruskin 1872 付録）。

そのことは、『ムネラ・プルヴェリス』（Ruskin 1872, *Munera Pulveris*）でより明示的である。近年イギリスで「ポリティカル・エコノミー」と称されてきた研究は、近代の商業活動の偶発的な諸現象の探究以外の何物でもなく、過去の偉大な思想家によって理解され取り扱われてきたような意味での「ポリティカル・エコノミー」とは何の関係もない。「ポリティカル・エコノミーは、社会ないし国家の行為と習慣をその存続・維持に関連して規制する」もので、「国家の存続・維持とはその人口を健康で幸福な生（life）の状態に養うことであり、幸福と両立する限りにおいて人口の数を増やすこと」である。その目的は、「単に生の持続というにとどまらず、健康で幸福な生の持続」であり、「生」は「心身双方に亘る全人間本性の幸福と力を含む」ものであった。「人間の完全な形は、その身体、心情、及び知性の完成を含む」もので、物的財は、身体を支え心情を錬磨し知性を形成することに役立つものである（Ruskin 1872, 第一章）。ポリティカル・エコノミーの目的は、「最高水準の人間的生の増進」と言うべきであり、「『芸術』と言われる最高の勤労の産物の価値を識らない」人には、それを徹底的に研究することなどできないし、「近代の政治経済学者は、例外なく、本来的価値の性質を理解する能力がなかったのである」。「ポリティカル・エコノミーは、技術（art）でも科学でもなく、諸科学の上に築かれ諸技術を指導するような行為と立法の体系であり、道徳的文化の一定の条件の下においてでなければ存立不可能である」。つまり、「勤労、節倹、慎慮という経済の三つの基礎は、道徳的資質であり、道徳的訓練なしには達成され得ない」のであった（ibid. 序、第一章）。

上田辰之助はトマス・アクィナス研究を上梓した後、「トマスとラスキン――厚生経済先覚者としてのかれ等」（『一橋新聞』一九三五年一〇月二八日）を書き、『この最後の者にも』を一貫する「人間的評価の基調がいかにトマスの財善一致論と相通じる」か、ラスキンの説くいかなる経済概念をとってみても、厚生経済の表現である以上、「アリストテレース――トマス経済学と共通の伝統の上に立つものであることは疑いを容れぬ所」であるとしている（上田辰之助『著作集』六、一一）。

## 2　一九世紀末における社会思想の転機

### 中世社会理想への回帰、「資本主義の弊害と社会主義の幻想」

福田徳三は「トマス・ダキノの経済学説」を中心とする「基督教経済学説研究」（第三集『経済史経

済学史研究』）の「解題」でいわく。これは経済学史研究の一部で、中古キリスト教神学者および教会法学者（「スコラ」哲学と「カノニスト」法学）の経済学説研究であり、この研究で志向したのは「主としてブレンターノ先生の『歴史上の倫理と経済』及びアシュレーの英国経済史の賜なり」と（第三集、七八五）。W・J・アシュレーのイギリス経済史は、言うまでもなく、その処女作ともいえる大著『英国経済史及学説』（第一部、一八八八、第二部、一八九三）であり、その第一部「中世」第三章「経済学説と法律」ではアクィナスの「正価論」や「利子論」が論じられ、第二部「中世の終末」第六章は「教会法学者の学説」を扱っている。上田が言うように（『著作集』六、二三五〜二三六）、福田はドイツで歴史派経済学を修めたから、アシュレーの議論を取り入れることができたのであり、福田の聖トマス研究への関心はブレンターノに師事したことに始まり、その基礎は経済と倫理の統合的な理解であった。

一九世紀末における経済学・経済思想における倫理化運動の主なる原動力の一つは中世社会理想への回帰であった。アシュレー、ヒュインズ、カニンガムのようなイギリスの歴史派経済学者もそうであった。社会経済学（l'economie sociale）を提唱するカトリック関係の経済学者やトマス・カーライル、ラスキン、モリス等の中世主義者、および彼らを先駆者と仰ぐギルド社会主義に属する人々など、中世教会が標榜した精神的経済文化の思想がヨーロッパの社会思想の一潮流をなしていた。産業革命・工業化以降の功利主義的な資本主義文明に対する批判は広く共有された（ケインズのいう似非道徳律・功利主義批判もそうであろう）。何が中世主義に人々の心を惹きつけるかといえば、「総合的人間価値の高揚」であった（上田『著作集』二、二三四〜二三五）。「総合的人間価値の高揚」は、『ロマン主義の経済思想』における塩野谷祐一の功利主義批判、「生」の経済思想、「全幅的生」の考え方と通じるものであろう。

イギリス歴史学派を代表するアシュレーによれば、一五世紀の晩年は「完全で体系的な経済学説」、「相互に関連した部分、経済生活のあらゆる側面に関わるまとまった教え」が現れたことで顕著であった。一五世紀の教会法学者の学説は、「連絡の無い諸意見の集合ではなく、首尾ある全体」であった。それは「科学」というよりも「アート」たることによってアシュレーの時代の主流派経済学とは違っていた。それは、行為・行動についての「規範あるいは処方箋」であって、事実からの結論あるいは実証経済学ではなかった。この意味の「アート」は「科学」に頼るが、教会法学者が頼る科学は神学であった。中世の教会法学者とドイツ歴史学派の影響を受けたイギリスの経済学者との間に共感の環があるとすれば、その絆ははるかに強く、彼らの経済学は、物質的利益・利害は人間の発展というより高い目的に従属するものであることを認めているからであった（Ashley 1893, part ii, 379-381）。

聖トマスが経済学者に取り上げられるようになったのは古くはなく、「聖トマス経済学」研究の発生は一九世紀中葉であり、学者の注意が集中したのは、一九世紀末――「自由主義の没落と社会主義の勃興とを画する社会思想上の新陳代謝期」――であった。福田の論文「トマス・ダキノの経済学説」は、ヨーロッパにおける社会思潮の波に乗って現われた一種の「時代の子」だという（上田『著作集』二、二二六、五九一）。一九世紀末は、事実上の自由放任主義の終焉の中で、諸派の社会思想が主張されヨーロッパ世界にとって多事な時代であった。この思想的渦中でローマ教会は固有の立場をとり、自由主義でも社会主義でもなく、「社会連帯主義ともいわるべき個人および団体の独特なる調和」をその理想とし、それに明確な表現を与えるために聖トマスの権威に訴えた。一八九一年（五月一六日）に法王レオ一三世は、『レールム・ノヴァルム』（*Rerum Novarum*）と呼ばれる文書（『労働者の状態に関する回勅』）を発布し、その副題が「資本主義の弊害と社会主義の幻想」であった。こうして、聖トマス社会思想研究の機運が起こり、法王はアクィナス研究所を興し、レオ版『聖トマス・アクィナス全集』の編纂に着手するなど努力を尽した。その結果一八八〇～九〇年代に聖トマス学復興の第一期が訪れた。福田はこの時期に南ドイツ、ミュンヘンで歴史派経済学の学風を習得することになった（上田『著作集』二、五八九～五九一）。

## 個人的自由主義、功利主義の行き詰まり――人間の社会性

一八六〇～七〇年代における古典的自由主義と古典派経済学、功利主義の行き詰まり・危機は、様々の形で表現され評価されてきた。それはラスキン、モリスやダーウィンにも顕著であり、進化論、歴史主義の浸透、オックスブリッジにおける宗教的信条の喪失とシジウィック、グリーン、マーシャルの葛藤も同様の文脈で理解されよう。上田によれば、「澎湃《ほうふつ》として沸き起こった自由主義修正あるいは反対の諸思潮」のなかで、「新教以前の……キリスト教経済理想を回顧せんとする主張は正しき社会秩序の進化に豊かな暗示を与えるもの」であった（上田『著作集』二、二〇四）。聖トマスは、アリストテレスとともに「人間の社会性という自然的事実」を認め、「人間は自然の本性によって社会的動物」であり、社会の中において初めて他者と共に善く生きるという目的を最高度に実現できると考えた。人間の「自然的社会性」を信ずるトマス・アクィナスの社会思想は、根幹においてアリストテレス

の倫理・社会観とキリスト教精神に胚胎する団体観念、有機的社会観、社会・公益主義より成り立つものであった(2)。

人間の社会性を自然的事実とみなすために、社会が人間の利己心の産物として個人間の契約によって成立するとは考えない。人間には社会生活を可能にする条件として、理性、「道具中の道具」たる手、言語、分業等の諸能力が与えられている。「よき生活」に各人を方向づけるのは人間の内に植え付けられた理性の光である。社会的共同体としての人間社会は、自己保存と向上のために、各人に授けられたその人固有の傾向・職分を通じて連体的に労働・職業を営む義務がある。「これら諸活動はたがいに相補いて全体としてひとつの完全な組織をなす」。社会の成員は、何らかの社会的活動をその職分として尽くさなければならない。かくてその人は自己の生活を営み得ると同時に社会全体の生活を可能ならしめることになる。これが「自然の人間に命じる生活の原則」である(上田『著作集』二、三八〜四〇)。

トマス・アクィナスにおける社会機構は人間の自然的本性にもとづくだけでなく、「道徳的統一体」であると言われる。社会は相互扶助の組織であり、協同体・団体(corporation)として把握され、その協同体において「各個人は単なる受動的細胞ではなく、溌剌たる全体観に燃ゆる人格的成員」である。この協同体精神の源泉はキリスト教で、この精神に最も明白な表現を与えたのは使徒パウロで、パウロはキリスト教信者の統一的社会を高唱し、これを人体の統一になぞらえた。この擬人的団体説はドイツの法学者オットー・フォン・ギールケも言うように中世において最も流布した思想であった。「人は一つ体に多くの肢あれども、すべての肢その運用を同じうせぬ如く、われらも多くあれど、キリスト在りて一つの体にして各人たがいに肢たるなり」。「体は一つにして肢は多し、体の肢は多くとも一つの体なるが如く、キリストもまた然り。」これはパウロの言葉で、「各肢が互いの肢である」ということは各自がその徳と能とを通じて相互に「有益である」ということである（同、四〇～四三）。これは、マーシャルの産業組織の定義とそこにおける“well-being”の考え方を思い起こさせる。「一つの団体は、その部分が遂行すべき独自の仕事を持つとき、この仕事を果すことにより、各部分が全体の福利（well-being）に貢献し、この仕事のいかなる中断も全体を損ねる時、そしてまた他方で各部分はその福利のために、他の諸部分の効率的な働きに依存している時、高度に組織化されているということができる」（A. & M. Marshall, *Economics of Industry*, 1879: 訳五七 ; Marshall 1961a, 241, 247も参照）。上田は、パウロに言及した後に、シャルル・ジードの一九二七～二八年度の生前の最終講義「社会連帯」（ラ・ソリダリテ）の一節“Solidarité ou charité”を追記している（『著作集』二、四五）が、マーシャルの協同・組織（競争よりも深慮・協同）とジードの社会連帯に共通するものはないだろうか。

社会連帯主義、共同社会への回顧・復興は、オックスフォード理想主義における社会連帯主義、社会有機体説の主張と重なる。それはまた、利己的経済人・合理的経済人ではない全幅的人間の“well-being”の思想、功利・効用を超えた福祉・生活・生・豊かさの思想に繋がる。それは、塩野谷が啓蒙主義批判、功利主義批判の包括的思想とする『ロマン主義の経済思想』の核にする「生」の経済思想、ドナルド・ウィンチが *Wealth and Life* で一つの核にする“Life”の経済思想と重なるものであろう。聖トマスへの復帰は効用・功利主義の世界を超えて、オックスフォードにおけるカント、ヘーゲル、そしてアリストテレス、古代ギリシャの思想への復帰・回顧と重なる。この時代には、功利主義に基づく経済学――効用だけを行動基準とすることが合理的だとする人間像、「経済学者は富の追求以外の行動動機をあまり考慮しなくもよいというリカードの暗黙の想定」(Marshall 1961a, 766: 訳I、一七九)、最大多数の最大幸福、効用・快楽の総和がよければよいという「功利主義的社会主義」(ケインズ)、総和主義・帰結主義が行き詰まるなかで、そうではない考え方の必要性が追究された。

中世や古代ギリシャ(ストア派の復活を含む)だけでなく、功利主義以前のスミス『国富論』と『道徳感情論』、競争と共感の世界、公平な観察者の共感(同感)、『道徳感情論』(「人間がまず隣人の、次に自分自身の行為・特徴を、自然に判断する際の原動力を分析するための論考」)は、工業化、功利主義を経て時代が変わったこの一九世紀後半にどのように受け取られたのだろうか。チャールズ・ダーウィン『人間の由来』(一八七一年)は、人間を下等動物と分ける「社会的本能」、「道徳観念また良心」、「社会性」を論じ、カントの「義務観」を讃え、スミスの共感の理論を激賞し、支配的思想になっていた功利主義の限界を指摘している(「第三章　人間と下等動物の心的能力の比較(続き)」)。ダーウィンの功利主義批判、スミス共感論の激賞、ラスキンの道徳、社会的情愛、ホブソンの有機体説の背後には、功利主義が一九世紀の経済思潮を方向づけ、スミスの共感・道徳感情は後景に追いやられたことへの反省があるのではないだろうか。

上田辰之助が言うように、神学者が高調するのは宗教的価値で、経済的価値ではなかった。まずキリスト教理想に支配される道徳・社会(善)があり、後に経済(財)がある。トマス倫理学・人間論の根本概念は徳であり、「徳」とは、人間が能力を十全に開花させ、できる限り充実した仕方で生きることを可能にする「力」であった。徳は古代ギリシャの「アレテー」という語に由来するが、それは「卓越性・優秀性」、「力量」とも訳され、人間性を究極的に実現しているようなすぐれた状態を意味した（山本芳久『トマス・アクィナス』二〇一七年、五〇、五三、アリストテレス『ニコマコス倫理学』上、三二八、注一九）。人の卓越・能力、人間本姓と社会性・共同性・公共性を考えることが、トマスとアリストテレス、中世と古代ギリシャへの復帰・回顧の大きな理由であった。アリストテレスにおいては、制度としての経済が孤立的に問題にされることはない。経済・政治・倫理の三者が共同体社会の不可分の領域を構成する。近代以降におけるように、社会から離脱し独立し、それ自身で運動する経済は考えられない。これを「社会的に埋め込まれた経済」と呼ぶことができる。それは、社会を制度的に構成する規範的価値の理念が経済行為を規定することを意味し、「倫理的に規制された経済」と言える。その倫理は、共同体の中で人間の機能を発揮する徳（卓越性）優位の体系であった（塩野谷祐一『正・徳・善』二〇〇九年、一一三）。

同時代のアメリカの経済学者R・T・イリーによれば、イギリスの歴史派経済学者J・K・イングラムの生涯を鼓舞した大きな動機は"humanity"であり、彼の情熱は「全般的な福祉」であった。コントの"religion of humanity"を信奉し、彼の活動はすべて人間福祉の増進に関わるものであり経済科学もその手段であった。イングラムは『経済学史』を次のように結んでいる。「社会の経済的再建は、物的よりも知的、道徳的な刷新を意味し」、ヨーロッパ社会が苦闘している産業の改革は、「生活の応用術（applied art of life）の一部であり、全環境を修繕し全文化に影響し全行為を規制する――要するに、全資源をhumanityの保護と発展という大いなる目標にむける」ことである（Ingram, J.K. *A History of Political Economy* (1888), with an introduction by Ely, R.T., 1919, xv, 300)。この時期の歴史派経済学者が追究したことには、工業化と経済成長のなかで失われた人間性の回復、古典派経済学者による経済学の範囲の限定、経済現象を社会の諸現象から引き離し、経済的合理性だけを目指す利己的経済人を想定し、全人的人間から経済的人間を引き離して取り扱うことに対する批判があった。経済学の倫理化、社会化は時代の著しい傾向であり、「経済学をもって日々の生活における人間の研究となす所のマーシャルの定義は広く人口に膾炙《かいしゃ》していた」（上田『著作集』二、二三四〜二三五）。それは一八〜一九世紀来の個人主義的自由主義経済学、功利主義経済学への反抗として強く台頭していた主張であった。

イリーもイングラムの『経済学史』への序文で次のように述べている。イングラムは、経済学に“humanitarianism”を持ち込むことに成功した人たちのグループの指導者であった。イングラムは十分に役割を果たしたのであり、それがいかに成功したかはマーシャルの『経済学原理』第一編第一章に明瞭に表れている。そこには、経済学は富の研究であると同時に人間の研究の一分野であり、「貧困が必然かどうかという問題は経済学にとって最大の関心事である」と書かれている。マーシャルは、「経済学者は、人間をあるがままの姿で、抽象的な人間ないし『経済人』としてではなく、血と肉をもった人間として取り扱う」（Marshall 1961a, 26–27: 訳Ⅰ、二六）と注意深く述べている。さらに『原理』冒頭の序論で、現代産業生活の基本的特徴は競争・利己心ではなく慎重さであり、「理想的な愛他心に根ざす共同」が真の福祉に役立つとして、「この潜在的な社会的資産を急速に開発し、うまく利用しうることの解明が経済学者の究極の目標」であるとしている（ibid. 9–10: 同Ⅰ、三）。

## 資本主義の幻想

一九世紀末から二〇世紀初頭における資本主義批判（自由放任主義批判）、「資本主義の弊害」（＝一九世紀末の「レールム・ノヴァルム」）と二〇世紀末から二一世紀初頭における資本主義批判（市場原理主義批判）、「資本主義の幻想」（＝二〇世紀末の「レールム・ノヴァルム」）には共通するものがないだろうか。人・内在的善よりも手段的善・物的富、さらには営利の自己目的化、人間の社会性・社会的人格よりも、利己的・合理的経済人、文化・芸術よりも物質文明、似非道徳律が社会を支配していることに対する批判が双方にあるように思われる。宇沢弘文は二〇世紀末、市場が経済を支配し市場原理主義が横行する中で、「あらゆるものが市場で取引され、利潤追求の対象となる中で、人々の社会的連帯が失われていく」と訴えた（宇沢二〇一六）。二〇世紀の世紀末的混乱から二一世紀へ、資本主義と社会主義という二つの体制の対立が世界の平和を脅かしてきた二〇世紀を振り返り、宇沢は資本主義と社会主義を超える展望の中で制度主義、社会的共通資本の考え方を提示した。

宇沢によれば、二〇世紀の世紀末的混乱は、一九世紀末の「世紀末」的混乱に比肩できるほどの規模と深刻さをもっていた。レーガン政権以降の反ケインズ主義的な政治思想と経済哲学、また経済学も理論的整合性と現実的妥当性の両面から有効に機能しないことが明らかになった。そういう中で、一九世紀末の「レールム・ノヴァルム」が示唆し、一〇〇年後の一九九一年五月に出された「新しいレールム・ノヴァルム」、同年八月以降のソヴィエトの崩壊、社会主義から資本主義へという時代の中で宇沢が求めたものは、制度主義、T・ヴェブレンの「生産倫理」が貫ける仕組みとそれを支える社会的共通資本であった。二〇世紀末の「新しいレールム・ノヴァルム」が提起したのは、それぞれの国が置かれている歴史的、社会的、文化的、自然的、経済的諸条件を十分に考慮して、「すべての国民が人間的尊厳と市民的自由を守ることができるような制度をどうやってつくればいいのか」という問題であり、宇沢はその一点について、「教育も医療も、それぞれの職業的専門家が職業的な discipline（規範）にもとづいて、そして社会のすべての人たちが幸福になれることを願って、職業的な営為に従事することだ」とパウロ二世に述べたという。これは、市場価格と需要条件の変動があまりに大きく、ヴェブレンのいう「生産倫理」（Instinct of Workmanship）を貫くことがきわめて困難になっていた一九世紀末と類似しているように思われる。利潤動機が常に、倫理的、社会的、自然的制約条件を超克して、全体としての社会の非倫理化を極端に推し進めていった。同時に、投機的動機が生産的動機を支配して、さまざまな社会的、倫理的規制を無効にしてしまう傾向が強く見られるようになってきた。このような状況のもとで、市民的自由が最大限に保障され、人間的尊厳と職業的倫理が守られ、しかも安定的かつ調和的な経済発展が実現するような理想的な経済制度は存在するであろうか。宇沢は、この設問に答えて、ヴェブレンのいう制度主義の考え方がもっとも適切にその基本的性格をあらわしているとし、その上に社会的共通資本の考え方を提示した（宇沢二〇一六、三八七〜三九三、宇沢二〇一七、一九〜二五）。

## 3　ラスキンの経済学批判

こうした倫理的批判はラスキンの古典派経済学批判に顕著であった。ラスキンはリカードやミルのマーカンタイル・エコノミー、市場の交換価値を基準にする価格経済学を批判し、人間の行為の基準を利己心の対立に基づく損得の比較でなく正邪の比較、正義と社会的情愛に求めるべきだとした。ラスキンの経済学批判は、福田、大熊信行から、福田、河上肇を超えて、都留重人、塩野谷祐一さらには宇沢弘文にも一定の影響があった。

宇沢弘文が数学から経済学に転じるきっかけになったのは河上肇『貧乏物語』で、その冒頭に引用されているラスキンの句“There is no wealth but life.”が、経済学者としての生涯の出発点であったという。「資本主義と闘った」宇沢は、ラスキンのこの句を「富を求めるのは道を切り開くためである」と訳し、経済学を学ぶ時の基本姿勢として大事にしてきたと述べている（宇沢二〇一七ほか）。都留重人も「ヴィクトリア時代の偉大な賢人」ラスキンに惹かれ、工業化文明・物質文明を批判した警世の書『二つの道』、『この最後の者にも』によく論及した。都留は、ハーヴァードで学位論文を書こうとしていた時にラスキンに惹かれ、指導教授のシュンペーターに相談したが、「横道にそれてはいけない」と論されたという。都留は「一方で、政治経済学へのマルクス的接近方法を取り、他方で、心情的に生活の質についてのラスキン的思想を内実とする『科学的ヒューマニズム』を追究した。古今東西の思想家の中で、都留が傾倒と帰依を明らかにしたのは、この二人以外にはなかった」（塩野谷祐一「都留重人とシュンペーター」尾高・西沢二〇一〇）。そして、塩野谷は最後の著書となった『ロマン主義の経済思想』の中心に、ラスキンの「芸術的『生』の経済思想」を置き、ラスキンによる能力への着目は、センのケイパビリティ・アプローチに受け継がれていると述べている。さらに、人間・社会とともに、自然＝「きれいな空気・水・大地」を思想の基礎にし、「経済と環境保護」が折り合うように構想したラスキンの経済思想について、伊藤邦武『経済学の哲学――一九世紀経済思想とラスキン』も出版された。

『この最後の者にも』の第一論文「栄誉の根源」で、ラスキンはおよそ次のように論じる。さまざまな時代に、多くの人々の心をとらえてきた迷いの中で、「おそらく最も奇怪な――最も信用のおけない――ものは、近代のポリティカル・エコノミーという自称の科学」であり、それは「社会的活動についての有利な規則が、社会的情愛の力とは無関係に決定されうる」という考えに基づいていた。近代の経済学は、「人間はすべてが骨格であると仮定し、この魂の否定の上に無味乾燥な進歩の理論をうちたてる」。ラスキンによれば、「行為の基準を損得の比較から引き出すのは無意味」で、「いかなる人間の行為も損得の比較によらず、正邪の比較によって左右されるべきであるというのが、人間をつくった神の意志」であった。「正義」という言葉に「情愛」をも含めた意味で、「正邪の比較」である。「雇用主と職工との間のすべての正しい関係、両者すべての最善の利益とは、結局これらの正義と情愛とによるもの」であった（Ruskin 1860, 1–2, 7–8: 訳六〇、六三～六四）。

もしもある家庭の家事使用人の動力が蒸気、電力あるいは何であれ計算できる力をもった動因によるエンジンであるならば、経済学者の言う通りであろう。しかし、それとは反対に、家事使用人は「魂がその動力であるようなエンジンであるから、このきわめて不可思議な動因の力は未知数として、経済学者の知らないうちに、その方程式のすべてのなかに入り込み、それらの計算をことごとく間違ったものにしてしまう」。「この奇妙なエンジンによって、最大量の仕事がなされるのは、報酬のためでも強制によるときでもなく、あるいは量目で供給されるどんな燃料の助けによるのでもない。それが最大量の仕事をするのは、その動力、つまりその者の意志ないし心が、それ自身独特の燃料、すなわち情愛によって最大の力に達したときだけである」（ibid. 9–10: 訳六四～六五、強調は引用者）。これは、福田の「解放の社会政策」における創造の衝動であり、その際によく用いられる“Joy for ever”であろう。

『永遠の喜び』（*Joy For Ever*）（キーツの詩、“A thing of beauty is a joy for ever.”の一節）は、ラスキンが、「最も高き産業の一部としての美術に関する経済理論が、未だ何人によっても説かれたることがないという理由で、自由主義経済学の淵叢の地たるマンチェスターにおいて、大胆にも『美術の経済学』」と題して一八五七年に講演をしたものであり、後に改題したものであった（大熊信行一九二七、一一～一二）。『芸術経済論』（*A Political Economy of Art*）は、一八五七年七月一〇日・一三日に工業化の中心都市マンチェスターで行った講演であり、一八八〇年に付録とともに『永遠の喜びとその市場価格』と改題して出版された。『芸術経済論』は、ブラッドフォードでの講演（一八五八、一八五九年）他をもとにした『二つの道』（*The Two Paths*, 1859）とともに、ラスキンが美術評論家から社会改革論者に転じたことを示す画期の作品であり、その後に『この最後の者にも』、『ムネラ・プルヴェリス』が続くことになった。

都留重人が強い刺激を受けたラスキンの講演集『二つの道』の題名「二つの道」というのは、その序の結びにあるように、我々の社会は選択の岐路に立たされていて、一つは「オリーヴの茂る山に至る繁栄の道」であり、もう一つは「塩の海の底に至る堕落の道」であった（Ruskin, *Works*, Vol.16,

254)。ラスキンは『近代画家論』の第一巻（一八四三年）の後、一八六〇年に最後の第五巻を出版するまでの期間、建築論を含みつつ、芸術評論家としての名声を確立したが、一八五〇年代末から経済社会の問題に取り組み、主流派経済学に挑戦する異端の社会思想家としての後半生を始めることになった。その端緒が『芸術経済論』であった。「イギリス帝国の美術的財宝」という展覧会が開かれ、美術評論家として名声を馳せていたラスキンが講師に招かれた。ラスキンは「新興工業都市マンチェスターにおいて産業主義批判の毒舌を繰り広げ」、多くの聴衆を驚かせた。これは後に『永遠の喜びとその市場価格』と改題されたが、「永遠の喜び」はロマン派の詩人ジョン・キーツの詩『エンディミオン』の第一行「美しきものこそ永遠の喜びなれ」からとられ、マンチェスターの美術館の入り口に刻されていた。ターナーをはじめ美術館に収められた芸術品はストックであり、永遠に歓喜のフローを生むのだが、そのような財の市場価格があまりに高価であるというのがラスキンの問いであった（塩野谷二〇一二、一五一～一五二）。

『永遠の喜び』でラスキンが重視したのは、「知的または情緒的快楽を与える財」であった。ラスキンによれば、その種の財だけが「真の財」（*real* property）という名にふさわしく、人が真に"possess"と言えるのはその種の財だけであった。ラスキンは財を大きく二つに分ける。衣食住（あるいは空気や水）のように「生命を生産する財」＝生に必要な財と、生に知的・情緒的快楽を与えるような財＝「生命の対象を生産する財」に分ける。「知的あるいは情緒的喜びを与える財は、蓄積することができ、使ってもなくならない。それどころか絶えず新しい快楽を供給し、他の人々に快楽を与える新しい力を供給する。したがって、これこそが『富』（wealth）あるいは『良き生』（well being）を与えると正しく考えられる唯一のものである。食物は『存在』(being)に役立つにすぎないが、この種の財は『良き存在』(*well* being)に役立つ」のである(Ruskin, Vol.16, 129, 133–134)[3]。

## 4　福田、「生を厚くする」富(wealth)と害物・非財(illth)

### 聖トマスと福田、財＝善

経済はよき生活への準備行程であることに意義があった。福田は『国民経済講話』総論の冒頭(第二章「経済の本質」)で「経済の定義」をするなかで「厚生」の意義についておよそ次のように述べている。

「人間が生活維持による厚生増進のために」、一定の計画に基づく目的を立て、その目的を達するために得、または用いる手段、「秩序的行動」、およびその「行動の組織」を経済という。すなわち、「人間は生活を維持し、これによって我々人間としての生を厚くする所以を増進するために行動する。」この行動をするには目的が必要で、その目的は一定の計画に基づくものである。人間の生活は、単に生きて行くことだけが目的でなく、「人間としての生存・生活を充実し、これを有意義ならしめ、これを進めて行くことを目的とする」のである。これを称して「厚生の努力」という(第三巻一七〜一八、強調は引用者)。

有形、無形を問わず、生活維持による厚生増進に関して目的を立て、その目的を達する手段として選ぶものは、皆経済に関係がある。これを財または富という。財とは西洋の言葉では善というのと同じ字をもって表している。すなわち、英語では"good"、ドイツ語では"Gut"、フランス語では"bien"、イタリア語では"bène"という。「我々人間の厚生生活を進むるもの、または我々の生活に害あるを取除くものが善であり、財とはその手段たるものをいう」のであり、我々の生活を害するものは悪であり、これを「非財」という人もいる。また「富というのは、我々の生活が充実した有様をいう」、すなわち「生活の維持が十分に出来ている状態が富」である。これと同時にかくの如き状態を作り出す手段もまた富ともいう。このように解釈すれば、経済とは財または富に関係することという一般的な定義になるが、適切には「経済とは、生活維持の充実による厚生増進に関すること」と言うべきであった（同一九）。

さらに、総論の最終章「価値・価格及び貨幣価値」でいわく。「倫理上の善、個人的の善、国家の善、社会の善、畢竟同じ事で、つまり社会なら社会の生命、個人なら個人の生命を進め、生を充実する、それが善である。その反対に生を滅却する、生を損耗する、生を軽減するものは、すなわち悪である」。「なるたけ生命を進め」、「人生を全体として向上せしめる所のものが善である」。個人でいうと、己の生命を強壮にし、身体を強くし、地位を進め、理性を磨いて向上することが、国家社会を進めその利になる。ここで福田が言うことはラスキンの「生こそ富」と同じことではないだろうか。「西洋の言葉では倫理上価値あるものすなわち善と、経済上価値あるものすなわち財とは、同じ字を使う。ただ倫理上でいう善は、生命の全体について言い、経済上で言う時には、貨幣価値でもって測られる限りについて言う。ゆえに正確であるが、範囲は狭い。これに反し、倫理の善は広い、正確に度盛はできないが、その範囲は広い。」中国の言葉に、「富は屋を潤し徳は身を潤す」と言う。徳と富が共に進まなければ、その国、その社会、その個人は永久に繁栄することはないのであった。「社会に真に徳あることをなし、経済上において富を積み、善財合致して、はじめて真正永久に人生を進めることができる」のである（同二二五、二二七～二二八、強調は引用者）。

上田も重ねて言うように、財（bona）はヨーロッパ語で“goods”、“Güter”、“biens”、“bene”のように、「よき諸物」の原意を含む文字をもって表すのが西洋の慣習である。「よき諸物」とは、人間に快きもろもろの物、人間の欲望を満足しうるいっさいの事象を意味する。財は善でなければならず、有用（utilis）であることを要する。有用（utilitas）とは目的に合致し、その達成に資することである。聖トマスの言に、「およそものはその目的に達する度合大なるにしたがい、その用ますます大なり」とある。「財の善性は（よき）目的への手段たること」で、よき目的とは人間の生活支持である。人間支持の目的が何故によいかといえば、それは「最高善にして人間の最終目的たる浄福を追求するに必要なる条件である」からである。浄福追求にその主要意義をもつ「よき生活」の物質的基礎を形成するからである。したがって、「よき生活を目指す」人間の補助手段たる財は当然にまた善である（『著作集』二、二四三～二四五）。よき生活（生）“well-being”に資するものが富なのである。（「富を求めるのは道を切り開くため」であり（宇沢）、マーシャルも「富の真の尺度は、それが人間の well-being に対してなす貢献だけである」と考えていた（Pigou ed., 1925, 366)）。

## 「富＝生」、財・価値の「人間的評価」――ホブソンとラスキン

上田が「全幅の傾倒」を禁じ得ないのは、「中世キリスト教経済学の基本的概念たる利用厚生の理想、

なかんずく財の本質に対するあやまつことなき人間的評価――ジェイ・エイ・ホブソン氏の造語」であった（『著作集』二、二〇四）。財・価値の「人間的評価」・「人間的基準」（貨幣的でないということ）は、ラスキンの影響を強く受けたホブソンの造語であった。

ホブソンの『仕事と富――人間的評価』（一九一四年）は、ピグーの『富と厚生』（一九一二年）に対する批判の書であった。ホブソンはその冒頭でおよそ次のように述べている。「国民所得」を構成する財やサービスは貨幣タームで測られ、集計された国民所得が、産業の成長・衰退の率を評価し、国富の成長や諸国間の経済成長の比較に用いられる。しかし、こういう富の尺度が「生に寄与する価値」（vital values）、人間の福祉に関してどの程度信頼できる情報を提供してくれるのだろうか？　というのが、ホブソンの問いであった。従来の基本命題は、経済的富の増加は福祉（welfare）をもたらし、富の減少は“illfare”を生むと考えている。しかし、誰も概算・近似であれ福祉の尺度について明言しようとしないし、富と福祉の関係について明確な法則を定めようとはしない。富の成長が福祉をもたらすという一般的な想定も無条件に認められるものではない。所得と分配の不公正（少数者への大きな富の増大した配分）、あるいは過重な労苦によって、富の増大がもたらすはずの国民的福祉は無くなってしまうかもしれない（Hobson 1914, v）。

これは、都留重人『所得と福祉』の「経済的福祉と福祉」を思い起こさせる。都留によれば、経済的福祉という形の福祉の部分を増やすと、そうでない形の福祉の部分が減るかもしれない。国民所得の合計を増やす過程が分配を不平等にする、消費や投資は経済量であっても福祉量かどうかは疑問で、国民所得を増やすことが経済的福祉を増やすから福祉を増やすと簡単には言えないことが明瞭になってきた（『所得と福祉』一九七〇年（『生活と経済学』一）第六章）。

ホブソンの『仕事と富——人間的評価』は、T・H・グリーンの「徳」の理論の延長上で、功利主義における効用・快楽の質の無差別性を批判するものであった。ホブソンは価値の「貨幣的基準」に対して、「人間的基準」という見方を示し、「生のほかに富はない」（"There is no wealth but life"）というラスキンの公理に基づいて、後に『富と生——価値の研究』（1929年）を書いた。「経済的価値を倫理的あるいは人間的価値に直す作業を科学的な正確さで行うことは明かに不可能であった」。経済的価値は貨幣の量であるが、「倫理的・人間的価値は生活の質」であるからであった（Hobson 1929, vii）。ラスキンによれば、「価値」とは「生の力《ヴァイタリティ》」であり、ラテン語の「ヴァロール」は、「（人間ならば）生に強い、……（物ならば）生のために強い、すなわち貴重である」という語からきたもので、「貴重である」ということは、「生に対して役に立つ」ということであった（Ruskin 1860, 118: 訳一一二）。これは人間としての「生を厚く」し、豊かにするという福田の厚生概念、「生命を進め、生を充実す」る、それが善であり価値であるという福田の思想と重なるものであろう。「真に貴重な、役にたつものは、その全効力をもって生に通じるもの」であった。真の経済学という学問は、生命に導くようなものを望み、そのために働くこと、また破壊に導くようなものを軽蔑し、破棄することを国民に教えるような学問であった（Ruskin 1860, 199: 訳一二二）。ホブソンの経済学は「ラスキン的厚生経済学」と呼ばれることもあるが、よき生活に向っての財の手段性が説かれ、財は善の手段として役立つ限り、財の本領を発揮するもので、然らざる場合には「害物」（illth）となると主張された（Hobson 1929, viii）。福田はこれを「非財」といい、後に都留は「外部性－公害」の淵源に用いた。

ホブソンはラスキンの感化のもとに、科学化され抽象化され技術化された経済学の人間化の必要を説き、生産・消費の過程の「人間主義的」解釈を発展させた。ラスキンが彼の経済学の「最も体系的な著作」でもある『ムネラ・プルヴェリス』で述べた「政治経済学者の本質的な仕事」、すなわち「何が本当に有用あるいは生を与えるものであるか、そしてそれはどの程度、またどういう種類の労働で獲得し分配しうるのかを決めること」を、ホブソンは自らの『仕事と富――人間的評価』の課題にした。社会は有機体であり、社会の福祉、「有機的福祉」は社会を有機的構造として捉える福祉の尺度であり、「生産と消費のあらゆる行為」は、「行為主体の生〔活〕と性格に及ぼす総効果の観点から」価値づけられねばならない（Hobson 1914, 9-10, 14）。ホブソンは、T・H・グリーンの徳・卓越・自己実現の観点から、快楽主義的・個人主義的・数量的功利主義を否定し、国民所得と経済厚生、総厚生を結果的に同格化したピグーの厚生経済学を批判・否定した。

ホブソンは『仕事と富』の冒頭の章で「価値の人間的基準」について論じる。「産業の人間的評価」は、費用と効用を人間の努力と満足で表現し、「富の貨幣的基準を人間的福祉の基準に代える。」リカード、ミルの経済学を批判し、こういう“vital value”（経済的・貨幣的価値に対する人間的・倫理的価値――生活の質のこと）の主張を最も効果的にしたのはラスキンであり、「生〔活〕のほかに富はない」というラスキンの公理は、富や所得がその生産の“vital cost”とその消費の“vital utility”との関係で評価されねばならないという主張とともに、産業の人間的評価の立場を明瞭に示していた。ラスキンは労働の領域ですばらしい仕事をしており、真に“recreative”な労働と生を悪化させ貧しくする労働を区別している。彼は実際「プラスの労働とマイナスの労働」を分け、「プラスの労働とは生を生じるようなもの」をいい、「マイナスの労働とは死を生じるようなもの」であると述べている。また、財の基本的な質とそれがどういう種類の人によって消費されるかによって、"wealth"と"illth"という著名な区分をした（Hobson 1914, 9–10: Ruskin: 1860: 訳一三六）。

## 福田、ラスキン、ホブソン――財と能力

財は善の手段として役立つ限り、財の本領を発揮するのであって、然らざる場合には害物（illth）となる。この思想からトマス・アクィナスが発展させているのは、生活の理論であり、生存権の主張である。上田辰之助によれば、トマス・アクィナスと同様の提唱をしたのはラスキンであり、その代表的な後学者はマーシャルとホブソンであった。この両者は「イギリス厚生経済学の建設に殊勲をたてた人々」で、彼らの研究方法はラスキンよりもはるかに精緻で科学的であるが、厚生経済の「熱」に至っては彼に負う所甚大であった。ホブソンの諸著作は「ほとんどすべて厚生経済的立場から書かれたものといってもよいくらい、そしてラスキンの思想を常にその足溜りとしているように見える」（「トマスとラスキン」『著作集』六）[4]。

ラスキンによれば、「（人間ならば）生に強いこと、生に富むこと、（物ならば）生のために強いこと、価値あること」が重要であった。したがって、「『価値ある』とは『生に役立つ』こと」であり、「真に価値ある物、役立つ物とはその全力を挙げて生に導くところのもの」であった（Ruskin 1860, 118: 訳一二二）。「生〔活〕こそ富」であった。「生というのは、そのなかに愛の力、歓喜の力、賛美の力すべてを包含するものである。最も富裕な国というのは最大多数の高潔にして幸福な人間を養う国、最

も富裕な人というのは自分自身の生の機能を極限まで完成させ、その人格と所有物の両方によって、他人の生の上にも最も広く役立つ影響力をもっている人をいうのである」。ラスキンによれば、「最大多数の高潔にして幸福な人間」、「最大限の生は最大限の徳によってのみ」実現されうるのであった(Ruskin 1860, 156–157: 訳一四四、強調は引用者)。

これはラスキンの信奉者によってしばしば引用される文章であって、リカード、ミルの商業経済学の中心概念である交換価値をもつ「富」の概念への挑戦を意味する。この「生＝富」の命題はストック概念としての人間「存在」に関わるものと解釈でき、「生」は人間の「肉体・感性・知性」を含む全幅的能力からなる「存在」を意味する。「富」は物財や貨幣で測った富裕の状態ではなく、ストックとしての人間能力の向上・繁栄の状態をいう。「富」は市場で評価される交換価値ではなく、「生」に対する貢献力と考えなければならない。他方、功利主義の主張とも異なって、「生」は快楽のフローを生む「行為」の系列ではなく、能力や機能や性格のストックとしての「存在」である。だからラスキンはここで、「生」は「愛と歓喜と賛美のあらゆる力」を含むと言い、そのことによって「生＝富」をストック概念として定義し直しているのである。ラスキンもグリーンと同じように、人間存在の「徳」を論じ、「生」は「徳」によって促進されると論じた。利己的経済人の功利・快楽ではなく、全幅的人間本姓の根底に徳の倫理を置いたのである。

ラスキンは『ムネラ・プルヴェリス』の中で、さらに進んで、価値とは、「固有価値」と「実効価値」との二重性から成るという議論を展開した。「固有価値」は、財の特性に応じて、そのものが「生」に貢献する固有の潜在力である。「実効価値」は、それに加えて、人間の側にそれを使いこなす能力がある場合に生ずる価値である。「固有価値」の生産と使用能力の向上とが相まって、「実効価値」、すなわち真の意味での「富」が成立する。「実効価値」は、財を所有する人にとってそのものがふさわしいかどうか、それを「使用する人間の生命と力に依存する」。これが「生」に貢献する「富」という観念に他ならない（Ruskin 1872 1905, 153–154）。富というのは「我々が使用することのできる有用なものの所有」で、単に「もつ」ということに依存するのでなく、「できる」ということによるのであり、「能力の蓄積」をも要求する。有用であるためには「有用に用いうる人の手中になければならず」、「有用とは勇敢な人の手中にある価値」である（Ruskin 1860, 125: 訳 126）。

ミルによれば、富は「交換価値を有するすべての有用にして快適なものからなる」という。しかし、ラスキンは、ある物の経済的有用性は、ただその物自身の性質によるだけでなく、それを使用することができ、またそれを使用するであろう人々の数によると言う。馬はだれも乗ることができなければ無用であり、「物質的効用はすべて、それと相対的な人間の能力に依存する」し、ある物の快適さはそれと相対する人間の志向いかんによる。それゆえ、「富の科学である経済学は、人間の能力と志向に関する学問でなければならない」。それなのに「道徳的考察は経済学と関りがない」（ミル『経済学原理』第三編第一章第二節）のである（Ruskin 1860, 125–126: 訳一一七〜一一八）。

ミルは「富裕であることとは、有用品の蓄積を多く有すること」だという。しかしラスキンによれば、所有すなわち「有すること」が絶対的な力ではなく、所有する人にとってそれがふさわしいかどうか、そしてそれを使用する人間の生命の力に依存する。だから、富の定義を敷衍すると、それは、「我々が使用することのできる有用なものの所有」である。富はたんに「もつ」ということに依存するのではなく、「できる」ということによる。「我々が物質の蓄積としてのみ考えたことは、能力の蓄積をもまた要求する」のである。

あるものが有用であるためには、それがたんに性質上役に立つばかりでなく、有用に用いうる人の手中になければならない。……有用とは勇敢な人の手中にある価値である。したがって、富の学問は、蓄積の学問としてみるときには、物質と同様に能力の蓄積を論ずるものであり、――分配の学問としてみるときには、絶対的な分配ではなく差別的な分配を論ずるのである。つまりすべてのものをすべての人に分配するのではなくて、適切なものを適切な人に分配するのである。すなわち、それはむずかしい学問であって算術だけによるのではないのである。(ibid. 121–125: 訳一一三〜一一六)

ホブソンは、富や価値の貨幣的基準の代りに、福祉と活力の人間的基準を用いるべきだというラスキンの提案に従い、次のように論じた。

ものの真の「価値」は、それに対して支払われる価格でもなく、またそれが消費者に対して生み出す現在の満足量でもなく、それの正しい使用によって生み出すことのできる本来的サービスである。商業的財やその他のいかなる種類の財においても、人間の健全な欲求を満たすことのできる力を持つものは「富」(wealth)であり、人間の低劣なまたは有害な欲求に奉仕するものは富ではなく、生にではなく死に奉仕する「害物」(illth) である。かくしてラスキンは経済学の出発点として、消費者の現在の主観的評価に基づくのでなく、健康対疾病、正義対不正義といった永遠不易の原則に基づく生の基準を設定した。人や国は、健全な性質のニーズを満たし、人間であることの真の能力を実現できる限りにおいて、豊かである (Hobson 1898, 79)。

ホブソンは、費用・効用・価値を評価する基準は量的ではなく、多元的な人間価値を反映して、質的でなくてはならないと主張する (Hobson 1938, chs. 14, 16)。塩野谷によれば、「富＝生」の命題の解釈が示すように、ラスキンによる「能力」の重視は、「生」を行為や感情のフローとしてではなく、機会に応じてさまざまな行為や感情を生む力のストックとして解釈することに基づいている。「生」は力のストックであり、経済は「生」の表現であると同時に、「生」のための手段である。「生」の拡大や向上に貢献しないものは「富」から排除され、「害物」となる。「富」が人間の能力や活力に依存するという認識は、経済学の歴史においては異端の説であった。経済学の主流は、「物財」アプローチか「効用」アプローチによって占められてきた。「物財」と「効用」の中間に、真の「福祉」の指標として固有価値と使用能力を置くというラスキンの発想は、その後一〇〇年を経て、アマルティア・センの潜在能力 (capability) 理論に繋がるものをもつように思われる (塩野谷二〇一二、一七一)。

センは周知のように、厚生経済学の基礎とくに福祉や生活水準の評価について、所得・富裕に焦点を合わせたり、効用に関心を集中したりする従来の標準的なアプローチを批判して、人がその達成に成功する様々な機能 (すなわち人は何をなしうるか、人はどのような存在でありうるかということ) と、その機能を達成する潜在能力（機能の組み合わせ）に関心を寄せるべきだと主張してきた。「福祉」（well-being）は、人の「状態」（being）がいかに「よい」（well）ものであるかに関わるのであり、潜在能力アプローチは、福祉を人が享受する財貨（すなわち富裕）とも、快楽ないし欲望充足（すなわち効用）とも区別された意味において、人の「存在のよさの指標」と考えようとし、「人が実際に達成しうる価値ある活動や生活状況に即して人の生き方の質を判断」しようとするのであった。センの富・財と福祉・潜在能力では、「ひとの福祉とは彼／彼女がどれほど『豊か』であるかという問題では全くない」のであり、「財貨の支配は福祉という目的のための『手段』であって、それ自体として目的にはなり難い」のであった（『福祉の経済学――財と潜在能力』一～三、一五、四四）。

注

（1）上田辰之助は、東京高商で上田貞次郎の指導を受け、一九一七年に東京高商の教授となり（大塚金之助もこの年、教授に）、翌年からペンシルヴァニア大学に留学、一九二〇年に「海運業の経済史的意義」でPh.D.を取得した。留学中の大塚は一九一九年の冬、フィラデルフィアに上田を訪ね、同地で客死した自由民権の闘士・馬場辰猪の墓に並んで詣でたという。「世界的規模」という表現を好み、「人間本位の世界主義」を堅持した大塚は、上田の経済思想史の国際性、国際的水準を「正しく評価」しようとした（『学問史』八五三）。上田は、帰国後、一九二〇年代には「クエイカの経済思想」（『国民経済雑誌』第三四巻第三号および第三五巻第一号、一九二三年三月、七月）、「経済騎士道――ラウントリー氏を迎えて」（『一橋新聞』第九号、一九二四年一一月一五日）、「アルクレッド・マーシャル」（『企業と社会』第二号、一九二六年四月）等の論稿を書き、一九二八年に「レオ版に拠るトマス・アクィナスの公正価格並に金利論の邦訳」（『商学研究』第八巻二号）を書き、「福田徳三君追想録」

（『如水会々報』一九三〇年六月）には「先生と聖トマス研究」を書いた。一九三三年には『聖トマス経済学——中世経済学史の一文献』（刀江書院）と「聖トマスにおける職分社会思想の研究」（研究年報『商学研究』（二）二二九〜四二六頁、『著作集』二所収）とを発表し、この両著を合わせて、一九三五年に「社会職分を基調とするトマス・アクィナスの経済思想に関する研究」を東京帝大経済学部に提出し、経済学博士の学位を授与され（一二月）、また世界の聖トマス研究への「著しい貢献」に対して、ヴァチカン及びフランス政府からも表彰された（『著作集』六、「年譜・著作目録」。『学問史』八五六）。

（2）社会を「相互扶助組織」、「道徳的統一体」とみるトマス・アクィナスの「社会」観について、上田辰之助の「トマスの社会思想」（『著作集』二、第一部第二篇）を参照。こういう社会性・団体性・公共性の考え方は近代以前の中世、古代の思想・制度にもあるのだろうが、それは、近代の競争的個人主義を経て、一九世紀後半の有機的社会観、マーシャルの個人的自由を経た社会性・公共性、団体・中間組織の諸概念に、またドイツ歴史学派、シュタイン、そしてマーシャルを経て福田の考え方（「社会の発見」）にも見られるのではないだろうか。社会・公共性と騎士道・徳（人道主義）、他者との関係における善、公共善、職分・騎士道、新自由主義・社会的自由主義は、一九世紀末から二〇世紀初めにおける思考の特徴であった。

（3）これは、ケインズの友人ロジャー・フライ（ブルームズベリー・グループ）の「現実の生」（real life）と「想像的生」（imaginary life）をも思い起こさせる（R・E・バックハウス、B・W・ベイトマン著、栗林寛幸訳・西沢保監訳『資本主義の革命家　ケインズ』二〇一四年、九五〜一〇〇）。

（4）上田辰之助はさらに次のように述べている。「ラスキンの如き社会思想家によって提案されたのは、自由主義に代わるに人間経済すなわち厚生経済をもってせよという意見であった。ラスキンはこの主張を古典思想及びキリスト教の基礎の上に置いたが、その影響は長く深くかつ広かった」。経済学者ではホブソン、マーシャル、ピグー、実業家ではカドベリー、ラウントリー等は「いずれも直接間接にラスキンの感化を受けて、『経済騎士道』の理想を高調し、或いはみずから実現せんと努めた。」また、「ギルド社会主義者の一団も、同じ思潮に棹さす者であった」が、彼らの好んで論じたのは職分経済であった。R・H・トーニーの『獲得社会の病患』(一九二一年)は、その代表的宣言とみてよい(上田辰之助「青淵先生と職分経済」『龍門雑誌』一九三四年一月二五日、『著作集』六)。

# 第5章　「価格闘争より厚生闘争へ」——ピグー『厚生経済学』の批判

一九一〇年代終わりから二〇年代初め、河上肇やマルクス主義への傾斜を強める人たちとの緊張関係が重要な局面を迎えるなかで、福田の思想的立場を鮮明にした論文「価格闘争より厚生闘争へ」が公表された。それは、「殊に厚生闘争としての労働争議」という副題を付して、一九二一（大正一〇）年の『改造』に発表され、翌年出版された『社会政策と階級闘争』（一九二二年）の後半第二部「階級闘争とその当事者」第一章に収録された（第二章「階級闘争当事者としての雇用所得と資本所得」、第三章「資本増殖の理法と資本主義の崩壊」）。全集版（『著作集』第一〇巻）では、新たに第二部「社会闘争と政治闘争」が加えられて、これは第三部になった。この「価格闘争より厚生闘争へ」は、山田雄三が福田の『厚生経済』の第二論文として収録しており、福田の厚生経済学と社会政策の結節点であったように思われる。「価格闘争より厚生闘争へ」というのは、経済と厚生が「絶縁せられ」ている資本主義経済（第一〇巻二九四）において、人と社会の良き生 well-being を求める闘争・制度であった。福田は体制としての社会主義には組せず（「我国社会主義者の首領と絶縁し」）、「獲得社会［資本主義社会］の転覆でなく、その進化的改造」を求めた（同一一一）（第一〇巻「解題」参照）。

## 1　価格の経済学と厚生の経済学

福田は、『社会政策と階級闘争』の第三部第一章「価格闘争より厚生闘争へ――殊に厚生闘争としての労働争議」において、まず価格の経済学（Price Economics）と厚生の経済学（Welfare Economics）とを分ける。価格の経済学は、アダム・スミスから現代に至るまで大多数の経済学者を網羅しているのに対して、厚生の経済学を代表するものはきわめて少数であった。厚生の経済学は昔から多くの学者の所論中に包含されていたが、一つの系統ある経済学を構成していなかった（第一〇巻一四七）。

この意味で、社会主義経済学も厚生の経済学に属せず、価格経済学の範囲を出ていなかった。マルクスの『資本論』は「全然価格経済学に属するもの」であり、リカード派社会主義者ウィリアム・トムソンの『分配論』（一八二四年）もまったく価格経済学の立場に立つものであった。労働全収権は価格経済学の外に出るものでなく、労働権の要求も価格闘争であり、価格経済学の立場を肯定するものであった。しかし、生存権の要求は出立点をまったく異にし、価格収得の要求でも価格闘争の理論的背景でもなかった。生存権の認証は、価格収得の認証とは別で、「超然とし、それ以外またはそれ以上に立つもの」であった。アントン・メンガーが、労働全収権、労働権、生存権の主張を同列において三個の経済基本権と見なすことは、法理上からは失当でないが、経済生活の理論的考察からすると、三者を同様に価格闘争の論拠として扱い、厚生闘争としての側面を考えなかったことは大なる欠陥であった。経済理論からみた生存権の主張は、労働全収権、労働権の主張と同一線上にあるものでなく、価格経済学に止まっている社会主義理論が生存権にまで進めなかったのは当然であった（同一四七～一四九）。

福田は、バートランド・ラッセルが哲学的見地から価格経済学の束縛からの解放に想到したと述べている。ラッセルの思想は彼に始まるものではなく、「前代および現代の各種の社会思想の潮流を洞察して深く思を潜めた結果、これを自家の哲学の形に鋳込みて、所有衝動よりの解放という産物を作り上げた」（同一五一～一五二）。価格の世界からの解放は、社会主義理論の中に暗示されるものも少なくないが、価格経済学・資本主義の立場に立つ従来の学説の中にも見出されるのであり、「最近時における厚生経済学構築の試み」はいずれも価格経済学からの解放の要求に応じようとするものであった（第一〇巻一四七～一四九、一五二）。

価格経済は貨幣価値の得失をもって、人間の経済的努力の目的とする。アダム・スミスは、この価格経済の樹立者とみなされているが、「消費は一切の生産の唯一の目的と帰趣」でなければならないと繰り返し説いていた。今日の価格経済・資本主義経済は、消費を目的とする生産を営むものではなく、「より多くの価格、より多くの利潤を標的」に生産を営んでいる。マルクスはここに資本主義経済の内在的矛盾があると言い、「河上博士は最も忠実にその説をあらゆる機会において説教せられる」が、福田はそれを否定する。矛盾は資本主義に内在するのでなく、それによって生きている人間の生活の内にあった。「我々の人間としての要求（いわゆる文化価値）は、価格経済そのものの矛盾をいよいよ痛感し行く。厚生経済の主張と要求とは、この痛感から産れ出て来った」（第一七巻四六）。それは、価格や狭義の経済を超えた人間的価値の要求であり、第四章でみたジョン・ラスキンの商業経済学批判、「生」の経済思想に重なるものである。

**マーシャル批判**

福田によれば、近時における厚生経済学構築の先駆は、「ドイツにおけるいわゆる倫理学派経済学を外にしては、イギリス経済学の宿儒アルフレッド・マーシャルその人」であった。「彼畢世の大著『経済学原理』の首篇は、実に厚生経済学の大宣言とも見るべきものである。……さりながら厚生経済学の使徒としてのマーシャルの真面目《しんめんもく》は、ただ宣言に止まっているこの書よりも、むしろ彼の学問的閲歴そのものにおいて見るべきである」(第一〇巻一五二)。実際、マーシャルは人間の能力の発達の物的基礎を充実させることを考え、心理学・倫理学から経済学に移ったが、生涯にわたって「進歩と理想」を追求し、富の増大よりも「生活の質の向上」、人間の「全幅的生」の向上を求めて未完の手稿・草稿を残して死んだ。『経済学原理』は、「進歩と理想」を追求する彼の経済学構想の一部であり、『原理』第五編もそうであった。

福田は『経済学講義』でマーシャルを強く讃えたのであるが、「価格闘争より厚生闘争へ」では次のように批判する。近頃「アメリカの学者某氏がアメリカ経済学協会雑誌において指摘した」ように、マーシャルは『経済学原理』第一編においては、「鮮明に、また大胆に厚生経済学の代表者たる立場を宣言はしている」が、「第二篇以下の論は漸次価格経済学の常套を襲踏し、ついには他の儕輩《せいはい》と全く別《わか》つ所なき底《てい》の立場にまで落下し来っているのである。殊にその流通経済論を述べたる第五、六両篇の如き最も然りである。ゆえに……マーシャルはなお旧時の価格経済学と新時代の厚生経済学との十字街頭に彷徨しつつあるものであるとの評は、決して誣妄ではないと思う」。ここには『経済学原理』に対する福田の評価の特徴、価格経済学に対する福田の批判がよく表れている。それは厚生経済学の構築がきわめて困難なことを示し、ドイツの少壮学徒による社会政策の学問的樹立が成功に至らないこともこの困難を裏書きするものであった（第一〇巻一五二〜一五三）。福田の考える厚生経済学というのは、ピーター・グレネヴェーゲンが「マーシャルにおける厚生経済学と福祉国家」（Backhouse and Nishizawa eds. 2010 所収）で論じた「道具」としての科学的「厚生経済学」よりも、“well-being”を求める「福祉国家」の内容に近く、社会改良・社会政策の学であったと思われる。小泉信三がA・C・ピグーの『厚生経済学』を「社会政策の原理」として紹介している（「社会政策の原理――Pigou, The Economics of Welfare を読む」『三田学会雑誌』一九二三年）のも軌を一にしているのであろうし、既述の高島佐一郎のマーシャル、ピグー理解も同様であろう。

「マーシャルにおける厚生経済学と福祉国家」でも示されたように、厚生・福祉の増進について、マーシャルには二つの見解の流れがあった。一つは消費者余剰論に体化されている古典的な厚生経済学の側面――経済厚生的な観点からの課税・補助金政策の基礎――であり、もう一つは、人と社会の厚生・福祉を増進する仕組みに関して、マーシャルが考えていた経済進歩と社会福祉（福祉国家）の側面であった。マルコ・ダルディによれば、狭義の厚生経済学へのマーシャルの貢献は「ほんの一章、それもあまり重要でない一章」にすぎなかった。マーシャルは、消費者余剰に基づく厚生指標の「非常に粗い性質」に気づいていたし、その不十分さは、それに基づく厚生政策の範囲をかなり限定することを知っていた。彼はまた、あらゆる功利主義的な社会指標は、「福祉の質と分配における変化に対する潜在的な進化的影響を測ることができないという欠点」をもっていることも知っていた（Dardi 2010, 409）。

要するに、狭義の新古典派的な厚生経済学はマーシャルの進化的経済学あるいは有機的成長論の一部にすぎないのであった。マーシャルの進歩・有機的成長は、産業・経済の発展が、人間の知性・道徳の向上、性格・能力の発達を含むもの、すなわち“economic as well as moral well-being”の向上をもたらすものであり、彼には有徳性（性格、能力、卓越）という快楽・効用とは違う倫理・価値基準があった。マーシャルの経済学研究の原点は「富の増大よりも生活の質の向上」であり、このような考え方はある程度まで福田にも共通しているように思われる。マーシャルの有機的成長論のコアにあるのは人の開発・成長、人間的福祉であって、経済的福祉は、“physical mental and moral well-being”の必要条件で、両者が共に進むことが“progress”であった（Caldari and Nishizawa eds. 2020）。有機的成長・持続的成長と人間の welfare/well-being・生活の質の向上は引き離して考えるべきでなく、経済的厚生を厚生一般・全体的厚生から明示的に引き離す以前の経済学・経済思想は、生活の質・豊かさの向上を内包する経済成長・持続的成長の可能性を教えてくれるように思われる。

杉本栄一が言うケンブリッジの経済学の実践的な性格を表わす厚生経済学（杉本一九八一、二一六）というのも、広義にとれば中山伊知郎が言う経世済民の学であり、光よりも果実を求める実学（「人間生活の改良の道具」（ピグー））であった。厚生政策（経済厚生）と社会政策・社会改良（一般・社会厚生）について、ピグーは一面で厚生政策を社会政策から切り離した。経済的厚生の増大（→最大満足説）と社会福祉・社会政策（社会改良）の区別・差別化（⇕理論的厚生経済学と実践的厚生経済学、welfaristic vs non-welfaristic）が明瞭になっていくが、福田は前者の意義をおそらく十二分には理解していなかった。経済厚生だけを扱う科学的・理論的厚生経済学＝厚生主義的厚生経済学は、実際の福祉の経済学としては完結的でないように思われ、厚生経済学の非厚生主義的基礎づけが主張されてきたのはそのためでもあろう。

## フランク・フェッターの「価格経済学対厚生経済学」

福田が「アメリカの学者某氏」というのはフランク・フェッターである。フェッターは、福田の「価格闘争より厚生闘争へ」が出た前年（一九二〇年）の *American Economic Review* に二回にわたって「価格経済学対厚生経済学」を載せた。最初の論文は歴史的な概観である。フェッターによれば、価格経済学を代表するのはリカード経済学で、それはおよそ一八一八年から一八六〇年まで全盛を振い、その間のイギリスでは、「厳密な価格経済学が他の国あるいは他の時代に例を見ないほど支配的であった。」価格経済学に対する倫理的な異議申し立ては、トマス・カーライルによって先導され、ラスキンも痛烈な攻撃を加え、その後継者がトインビーとホブソンであった（*AER*, Vol. X, no. 3, 476–481）。

二つ目の論文「同時代の見方」では、「マーシャルのジレンマ」が議論される。経済学の中心的な目標に関するマーシャルの見解には「完全に矛盾した点」が見られるという。一方で彼は、厚生経済学者たろうとし、経済学を真の人間的福祉の研究にしようとする。しかし、マーシャルには別の願望があり、絶えず彼を、厚生経済学者よりも価格経済学者として語らせようとしている。彼は経済学を厳密な科学にしようとし、その結論に自然科学のような数学的厳密さを与えようとする。経済学の利点と希望は、価格の中に人間の欲求・願望、その他の感情を計測できる形態で見出せるという事実であった。マーシャルは厚生・福祉を経済研究の中心にすることを放棄し、貨幣を経済学の中心に置いて人間の動機を計測できる便利な手段として用いるようにした。(ピグーの経済的厚生・「貨幣尺度」もこの延長であろう。) こうして、経済学を貨幣価格の研究にしようとし、価格の基礎をなし関係させている人間の動機、および人間的福祉の研究という色彩を弱めることによって、狭義の経済学を構築しようとした (*AER*, Vol. X, no. 4, 719-723)。

フェッターの理解を基本的に継承し、ラスキン的な批判の観点から『ホブソンの厚生経済学の研究』(一九三四年) をまとめたのが、ノースウェスタン大学で博士の学位を取得した中国人研究者 William Tien-Chen Liu であった。Liu の本の第一章は「価格経済学と厚生経済学」である。Liu によれば、フェッターは、経済学者は「社会哲学者」になるべきで、経済学者が直面する喫緊の課題は、「経済関係における人間的要因の深い研究」だと考えていた。人間的要因の研究には二つの側面があり、片方は欲望、価値・価格 (=効用・要用) であり、他方は幸福、良き生、福祉 (=生活の質) である。良き生というのは個人ではなく集団・社会の有機的良き生で、旧世代の経済学に比べて新世代の経済学は、物的要因よりも人間的要因を、個人的利害よりも社会福祉を重視し、「より大きな真の政治経済学は価値の理論ではなく福祉の理論」であった (Liu 1934)。

ここで「より大きな真の政治経済学」というのは、おそらくはプラトン、アリストテレス以来のもので、ラスキンの経済学批判、アリストテレスらこそが「政治経済学の設立者」という主張に通じるものであろう。一八〜一九世紀という時代を超えて、ウィンチ (*Wealth and Life*)、塩野谷がいう一九世紀の主流派経済学とロマン主義、功利主義とロマン主義（自然主義）の対抗というよりも広い時代の視野で、価格と厚生、貨殖・貨幣愛と福祉、効用と徳（倫理）、富と生、価格経済学と厚生経済学の対抗ということを考え、そのなかで福田の厚生経済・厚生闘争の意義を評価することはできないだろうか。福田には聖トマスへの回帰、アリストテレスが視野にあった。

フェッターが言う「マーシャルのジレンマ」はまた、ケインズがマーシャルについて言う「二重の本姓」を思わせる。「二重の本姓」は、知恵と科学であり（あるいは広義の art と science）、科学者としてマーシャルは、その専門の分野において、「一〇〇年間を通じて世界中で最も偉大な学者」であった。それはまた、「道を説く人」と「知識のための知識」を求める人、実際的な進歩の必要と抽象的な目的（ピグーの光と果実）という二重性でもあった。ケインズが言うように、マーシャルの「本姓の多面性は純然たる強み」であり、マーシャル研究はそのことを理解して進めるのがいいように思われる。ケインズが言うマーシャルの「二重の本姓」は、「冷徹な頭脳」と「暖かい心」の関係についての示唆にも思われる。第一の自我（賢者・人間の道を説く人）が主人で、第二の自我（知識のための知識を求める科学者）はしもべでなければならないとされ、第一の自我が、抽象的な目的を実際的な進歩の目的に従属させると、マーシャルは述べた。「鷲のような鋭いまなこと天翔ける翼とは、道を説く人の言いつけに従うためにしばしば地上に呼び戻される」のであった（Keynes 1924, 173: 訳二三二）。マーシャル自身は「二重の本姓」あるいは二つの自我の相対的な関係について疑うことはおそらくなかった。イギリス経済学会の会長講演でも、「倫理学が主人」であって、経済学は「倫理学の侍女であり実践のしもべ」であると述べていた（*EJ*, Vol. 3, 1893, 388, 389）。「倫理的本能と常識は経済学その他科学によって確保され秩序づけられた知識を実際問題に適用しようとする際には究極の裁定者となる」（Marshall 1961a, 28: 訳I、三五）とマーシャルは考えていた。

## 2　価格尺度・貨幣評価と利用・厚生（福祉）——価格闘争から厚生闘争へ

### 利用＝満足vs要用＝需要価格

福田によれば、価格経済学からの解放を妨害したのは、経済学の通説で重要な地位をもつ利用"utility"という言葉であった（福田は「効用」という言葉を使っていない）。利用は実際に満足の度合を意味し、願望"desirability"または"desiredness"の度合ではなかった。利用が大であるのは、得られる満足が大なる意味であり、願望が大なるの意味ではない。"Wantability"，"desiredness"を「要用」と訳すならば、価格が測るのは「要用」であって「利用」ではない。「利用」が価格と終始するのは、「要用」の度合が利用の度合に伴う場合だけである。しかし、満足の期待とその実現が一致しないことは常にあることで、ここに価格の経済学と厚生の経済学との根本的差異が働くのであった。

福田によれば、利用＝満足と願望を等しく利用という同一語で表現する者が多いために、両者の区別が曖昧になった。それゆえにV・パレートは利用"utilita"という語に換えて「オフェリミタ」（oph-elimita）という語を使うべしと主張した。また、アメリカの学者のなかには「ウォンタビリティ」（wantability）という新語をつくって、その単位を"wantab"と称すべしという者がおり、ピグーは「デザイアドネス」（desiredness）という語をもってすべしと主張している。すなわち、提供される一つの価格は、正当な意味における利用と直接に関係するものでなく、「オフェリミタ」、「ウォンタビリティ」、「デザイアドネス」または「デザイアビリティ」（desirability）と関連するものであり、間接に利用と関係するに止まるものである。したがって、労働争議は、価格闘争、価格現象ではなく、厚生現象と見ざるをえないのである。労働争議は階級闘争でも価格闘争（プライス・カンプ）でもなく、「メンシェン・カンプ」（人の闘争）であり、「人格闘争」であり、「厚生闘争（Wohlfahrtskampf' Welfare Struggle）」である「所以」はここにあった（第一〇巻一五六～一五七）。

福田はピグーの厚生経済学の基礎条件への批判を展開する。ピグーは、『厚生経済学』第一部第二章「欲望と満足」に明らかなように、「利用」と「要用」を厳密に区別しないために、厚生の学の構築に貢献することが十分でなかった。今日までの限界利用説や主観学説も、「利用」・「収益」の観念を「要用」と厳密に区別しないために、厚生の学の構成に貢献すること十分でなく、「利用」・「収益」と貨幣秤量・価格との関係について、「はなはだ曖昧な立場」に立っていた。この曖昧さを除去することが、厚生経済学建設に向かっての一大準備作業であった。ピグーの『厚生経済学』はこの作業に着手しているが、「国民分配分」の旧套を脱しえないため、国民分配分の大きさをもって厚生の度合に終止するという常識論に堕していた、と福田は言う（第一〇巻二八四～二八六）。

ピグーにおいて、経済的厚生は貨幣尺度と結びつけられ、貨幣的なることが厚生一般から経済的厚生を区分する要因であった。福田は、「要用」と「利用」とを区別して、貨幣量が測定し得るものは「要用」または願望の程度であって、直接に「利用」または満足の大きさではないという理由によって、貨幣秤量を基準とする厚生経済学の不完全性を指摘した。

ピグーは『厚生経済学』第一章「厚生と経済的厚生」の第五節で、厚生を経済的厚生に限定する際に、①厚生の要素は意識の諸状態とそれらの諸関係であること、②厚生は大小の範疇のもとにおくことができるということを断っている（Pigou 1920, 10: 訳I、一二）。そして次節で、「貨幣尺度に関係せしめうる部分の厚生［経済的厚生］に生じた効果が他の部分または面の厚生［非経済的厚生］に生じた反対の種類の効果によって相殺され得ないだろうという保証はない」と断っている（ibid. 12: 訳I、一四）。第七節では、非経済的厚生が留意され、経済的厚生に努力を集中する結果、非経済的厚生が犠牲にされる場合等が論じられている。さらに第八節では、経済的要因が経済的厚生に及ぼす影響と厚生一般に及ぼす影響との間に衝突が起こりうることが強調され、以下のように主張される。「人間の意識生活のうち、通例貨幣尺度と関係づけられ、したがって経済的厚生に含まれるだけの局面は、満足及び不満足の中のある限られた一面にすぎない。しかるに意識生活は多数の要素の複合体であって、これらの満足ばかりでなく、他の満足と不満足、それに加えて認識、感情、願望をも包含する」。それ故に、環境的原因が経済的満足を変えるように作用するとき、これらの他の要素の中の一部分を変えることがある（ibid. 14: 訳I、一七）。

## 価格闘争から厚生闘争へ

ピグーの厚生経済学の基本的枠組みによれば、経済上の厚生は貨幣的に表現されるものを通じて、より具体的には国民所得の増大・安定・配分を通じて把握される。もともと厚生“well-being”、“welfare”とは福祉・豊かさというような人間の生活、“well-being”に関わることであるが、こういう「意識の状態」、「意識的な生活」（満足、不満足）、倫理的側面を掘り下げていくという方法をピグーは必ずしもとらなかった。経済学でそれを把握する手がかりは国民所得で、それによって厚生の問題は具体的な基礎を得るのであった。ピグーは、人間の生活・富・豊かさの内容を掘り下げていくという道をとらず、経済的厚生をもたらす手段の考察を通じて間接的にこれを問題にした（山田一九四二、中山『全集』第六集、三三九。これは、福田と中山伊知郎、山田雄三、あるいは都留重人のピグー『厚生経済学』の基本的な理解であったように思われる）。

ピグーは依然として価格経済学の立場に立ち、生活要求をとりあげる厚生の学には至らないと福田はいう。福田には、価格の高低、賃金の高低を争う「価格闘争」（あるいは階級闘争）ではなく、生活を保証する所得の確保、あるいは生活そのものの保障を争う「厚生闘争」が重要であった。「国民の労働が各人の願望及び利益が要求する以上に強制、圧迫によって拡張せられざるや否や、国の可消費所得の分配が害せられざるや否や、その可変性が拡大せられることなきや否や。」これらを保障すべき機関や施設は、現在の経済生活にはとくに設置されていない。ピグーの厚生命題をことごとく真なりとして、これらの作用が現実の経済生活において、いかなる機関、設備によって招致されるかと言えば、社会政策という立法行政および社会自治の施設の他にはないのであった。「今日の経済生活において、労働者の願望、利益に反して労働を強制、圧迫する作用を防ぎ、国の所得の分配を害し、その可変性を増大せんとする作用に対抗するものは、主として厚生闘争、厚生運動としての労働争議、労働運動のみである。……今日の社会政策、社会自治をして真にその用を為さしむるものは、その背後における有力なる労働運動であり、これを刺激するものは、厚生闘争たる労働争議これである」（第一〇巻一六二）。

福田は主張する。「単に国富の増進を希う価格経済学の立場に立つ人々」が一切の労働争議を「呪詛」するのとは違って、「我々は価格のために作られた動物ではなく、価格世界の奴隷たるべきではない」。「我々は我々の生を厚うし、我々の用を利し、人類としての生活の充実発展を期するにあたり、今の世界が価格の世界なるが故に、その理法を尊重するに外ならない」のである。「厚生の経済学の立場に立つものは、一切の労働争議を単に富の増殖の障害と見る底の低い見地に安んずべきではない。否、我々はこれらの争議を更により高き、より広き見地から篤と考察して」みなければならないのである（第一〇巻一六三）。

福田は、『社会政策と階級闘争』のすぐ後に書いた『社会運動と労銀制度』（一九二二年八月、『著作集』第一一巻）で、労働争議と社会政策、厚生闘争の意義を詳論している。「神戸争議の実例」について（神戸争議は一九二一年夏の神戸における三菱造船、川崎造船の労働争議）、三菱会社に対する職工の嘆願書（横断組合、団体交渉権、八時間労働制、等々）も引用し、「産業の平和」について述べ、争議の合理性を論じ、「要は争議の純化、すなわち厚生化」であるとしていわく。「労働争議を道理に適うように『合理化』して、争議が起ったたび毎に少しづつでも一般社会の安寧が進み、一般社会の幸福が進むようにこれを善導するのが、いわゆる社会政策の最も大切な任務である」。神戸の労働争議も「全体の日本の労働社会を向上せしむるのに大いに役立つべきはず」である。争議を「善導し、これを合理化し、これを厚生化し、これを純化し、少しにても国民全体の少なくとも経済上の幸福安寧が、そのために加わり得るように勉めなければ」ならない（第一一巻一五九〜一六〇）。さらに、「神戸労働争議局外観」

（『改造』一九二一年九月）でいわく。財産に関する係争・争議には立派な司法機関があり、「国の手厚い保護、保障を享受して」いる。「財産と対等の重要を国の経済的発達に対して有する労働に就ての係争は、少くとも財産係争が享受するだけの尊重と保護とを受くべき」であり、「労働係争を財産係争と……同等に取扱うことは、社会政策当面の要求でなければなら」ない（同二一六～二一七）。財産争議については民法に夥しい規定がある。「労働争議も同様たるべし」で、財産争議と同じように「チャンと争える途を付けておく」のが「文明の要義」だと訴えていた（第一一巻一一八～一二〇）。（この点については、第一四巻「解題」、西沢二〇二〇a、b も参照）。

### 「賃金の不確定列」

福田によれば、労働争議の種類は色々であるが、急速な勢いをもって価格闘争から厚生闘争へ進化している。価格闘争に見える賃金争議も、その根底においては厚生闘争である（第一〇巻一六四～一六五）。価格と厚生の違いの理論的なコアはおそらくここにある。すなわち、価格（要用）と利用・満足＝余剰価値あるいは生活［所得］との違いであり、ホブソンの“monetary standard vs human standard”の違いであろう。福田いわく。「賃金闘争はより高い価格のための闘争ではない。より大なる満足のための厚生闘争である。余剰価値すなわち費用以上に超過する利用（要用にあらず）を増大せんとするのは、すなわちより多く厚生的ならしめんとすることである。」労働者は闘争によって、「より多い余剰価値率を収め得る」のであり、それは国民所得全体そのものを少しも増大することなくして行われ得る。ピグーの国民分配分（としての賃金割合）を少しも増すことなく、「駆け引きの巧みにより、力の強きにより、労働者はより多くの余剰価値率を獲得し得る」のである（山田編一九八〇、八七、第一〇巻一八六）。

今日の流通生活における価格の決定は「懸引（bargaining）」によるものであり、イギリスで労働協約（いわゆる団体交渉）のことを普通に「共同懸引（collective bargaining）」というのは、よくその真相を語っている。労働関係は一つの懸引であり、労働協約は一つの進歩した懸引の形式である（第一〇巻一六五～一六六）。競争は価格闘争の範囲を定めるが、価格闘争は競争の定めたこの範囲内において、競争者間の力と「巧拙」とによってのみ行われる（同一六九）。労働雇用契約は将来給付の契約であり、契約で定める賃金は、「将来給付の場合における労働価格算出の割合、報酬の基本率」に過ぎない。賃金争議は、「現実価格の大小に関する争議ではなく、将来価格算出の定率の大小に関する争議」である。賃金懸引は、「現実売買の懸引でなく、定率懸引、割合取引」に止まる。生活賃金、最低賃金の争いは、報酬全額、労働所得額そのものに関する争いと誤解されるかもしれないが、これとても割合の争い、定率の争いに過ぎないのである。これが「生活賃金の要求をもって、生存権の要求と同一視すべからざる根本の理由」である。「今日の労働雇用契約は単に労働給付に対する報酬基本率を契約するもので、報酬そのものを契約するのではない」（同一七一、一七三）。

そして福田は、マーシャルの需要伸縮性（弾力性）論に拠りながら、「賃金の不確定列」について以下のように論じる。労働者がその団結によって懸引当事者たる場合、その懸引に特色が生じ、懸引の決定する賃金率は、決して単一なる一点ではないこと、決せられる賃金率はある程度まで不確定的のもので、「賃金の不確定列」と名づける範囲内において賃金は往来する。「労働団結は競争率以上の賃金率を得ようとし、雇主または雇主団体はそれ以下の率を諾せしめようとする」。しかし、ある点以上に賃金率を高め、「雇主の需要高を減ずべきを知る時は、労働団結はその点以上を要求することを断念する」。反対に、「ある他の点如何に率を低め……、労働の供給が減ずべきを知る時は、雇主はその点如何に引き下げを要求することを断念する」。この二つの点が賃金率不確定列の両限を形作り、実際の賃金率はこの二点内において決定される。不確定列の範囲は、その当事者の各々の需要の伸縮性（弾力性）によって決まる（同一七六～一七七、一七九）。

## 3　ピグーの厚生経済学と都留重人――国民所得概念と生活の質・豊かさ

厚生経済学を科学として確立するために、ピグーは貨幣と関係づけられる経済的厚生を対象とし、計測可能な価格の尺度を用い集計値としての国民所得概念を用いることになった。その結果、無形の資産、経済成長のなかで失われる道徳、文化、人間的価値、ラスキンやホブソンが主張した「生活の質」、「生こそ富」という問題は後景に退くことになった。

しかし実際にはピグー自身、『厚生経済学』の第一章「厚生と経済的厚生」第五節で考察の対象を経済的厚生に限定すると論じたすぐ後に非経済的厚生に触れ、第七節で、経済的厚生に社会が努力を集中する結果、非経済的厚生を無意識のうちに犠牲にすることがあるとしていくつかの例示をしている。たとえば、ゲーテやカントを生んだドイツとビスマルクのもとで組織的な工業化を推進したドイツのいずれが幸福かは断じがたいと述べて、ドーソンの書から長い引用をしている(1)。ドーソンによれば、一世紀前のドイツは理想主義が風靡し精神と理想の時代であったが、今日は物質主義がとって代わり事と物の時代になった。要するに、「ドイツ国民の注意は仕事をすることを覚えようという考えに集中」し、「往時のように人物たることを学ぼうと努めなく」なった。またイギリスについても、「諸君は機械的技術に勝利を得た反面において、精神的洞察を必要とするすべてのものについて失敗している。あらゆる種類の機械を完全に制作・使用することはできるが、家を建て詩を草し絵を描くことはできない。……到る所に手段があって目的は何処にもない。……これが私の想像に映った諸君の文明の姿である」という引用をしている（Pigou 1920, 12-14: 訳I、一五～一七。後半の強調は引用者）。これはさながら、都留がハーヴァードの学生時代以来惹かれていたラスキンのブラッドフォード講演（*Two Paths*）における物質文明批判を思い起こさせる。

都留重人がラスキンに惹かれ、また「〝国民所得〟概念への反省」（一九四三年）、"In Place of GNP"（一九七一年）等々で展開したことは、ピグーも書いていたが展開しなかった側面、厚生経済学を科学として発展させるために見失われてきた側面（非市場的福祉要因）に関わることのように思われる。福田はそれを価格と生活、物的富と生、経済と厚生・福祉、価格の経済学と厚生の経済学と表現し、厚生の学の必要性を説いたのではないだろうか。"In Place of GNP"で都留は、「騎士の時代は終わって、詭弁家、経済学者、そして計算機の時代になった」と言ったエドモンド・バーク（それは都留が好んで用いるヘンリー・メインの「身分から契約へ」という転換期であった）をパラフレーズして、「計算機の時代は終わって、ヒューマニストの時代になっている」と述べた。公害の顕在化、自然資源・環境の破壊とともにＧＮＰの成長と厚生・福祉の増大の関係に疑問が呈され、国民所得のような数量的表示は、福祉の程度・内容をそのまま表現するものではないことが明らかになった。それは、宇沢の「『豊かな社会』の貧しさ」にも明らかであるし、現代の「不平等・格差」にも顕著であり、地球環境問題、持続可能な社会、持続可能な開発目標（ＳＤＧｓ）の問題にも繋がっている。

福祉・厚生の指標として国民所得概念を使うことには問題があり、都留は第二次大戦前の論文「〝国民所得〟概念への反省」（一九四三年）以来、「国民所得」という概念が交換経済［市場経済］妥当のものであるために、福祉の指標としては偏りをもたざるをえないことを繰り返し主張してきた。（都留はもちろん同時に国民所得の推計・長期経済統計の推進者でもあった）。また『日本経済の転機』（一九七六年）など多くの著書・講演等々で、「成長中心」から「生活中心」へと唱え、「生活の質」、「生き方の質」の向上（ラスキンの「生」、塩野谷の「生」の経済思想に対応するであろう）、富、豊かさの内容と指標について繰り返し問題提起をしてきた。こういう都留の議論の背後には、ヴィクトリア時代の賢人ラスキンやモリスの知恵に加えて、定常状態（資本と人口のゼロ成長状態）でも人間の成長、知的文化と道徳的・社会的進歩は大いにありうると説いたＪ・Ｓ・ミルの思想があった[2]。これは経済成長という量的思考のなかに文化、生活、地球環境など質的思考を取り入れること、ＧＤＰとともに暮らしの質を測る幸福度指標（"better life index"）を考えることであろう。それは、宇沢弘文メモリアル・シンポジウム（二〇一六年三月一六日）の基調講演でジョセフ・スティグリッツが述べた（宇沢二〇一六所収）、新しい成長過程と「生活の質」、ＧＤＰと「生活の質」という問題、「地球資源の限界」(planetary boundary) のもとで持続可能な社会をどうつくっていくかという問題にも通じることのよ

うに思われる。(3)

一九九四年に、都留重人は「『クオリティー・オブ・ライフ（QOL）』の内容について」という講演を行った（一橋大学開放講座三〇〇回記念特別講演）。これは、M. C. Nussbaum and A. Sen eds., *The Quality of Life*, 1993 が出た翌年である。かつては「生活水準」が広く使われ、客観的に計測可能な衣食住の量が問題とされた。しかし、「生活水準」概念の研究者であるセンは、「福祉とは、生きがいを実現する機会である」と言い切り、生活水準を規定するのは、"opulence, utility, commodities" のようなカテゴリーではなくて "functionings"（達成可能なさまざまの生活諸条件）と "capabilities"（それらを達成する我々の能力）であるとした。さらに都留は「GNPゼロ成長の可能性」を論じ、労働の人間化、余暇の開発、生活の芸術化、これらがQOLの内容であると述べた。

同じ講演で、都留は所得概念を「有形の所得」と「無形の所得」に分け次のように言う。「無形の所得」は、仕事の上での達成感や家族生活の喜びのようなお金では買えない精神的な満足で、インプットとしての労働の人間化には、この「無形の所得」に対応する部分がきわめて多い。もしも「無形の所得」を評価する価値意識が強くなると、「有形の所得」が低くても、それを償って余りある「無形の所得」のおかげでQOLの向上が実現できることになり、「有形の所得」の合計であるGNPがゼロ成長の状態であっても、福祉の向上や社会進歩の可能性が開けてくるだろう。労働供給・仕事というインプット行動それ自体が「生き方の質」を求める目的的行動となりうるし、そうなることが望ましいという規範的判断を示唆している。労働・仕事というインプットを「非効用」としてではなく、生きがいという積極的な満足感を満たす活動とみなす可能性がここにあると都留は述べた。

これはマーシャルの「仕事と生活」、「性格形成をするものとしての日々の仕事・労働」、そして「真の幸福」（すなわち「幸福の総計」（sum total happiness）に対する「真の幸福」（true happiness）に相当するものであろう（Nishizawa 2021））。またピグーが非経済的厚生について言う議論に繋がるものであろう。すなわち、「非経済的厚生は、所得を獲得する態様如何によって変化しがち」である、なぜなら「仕事の環境が生活の質に反作用を及ぼすからである」。「人間は生産の道具であると共に、『それ自ら目的』でもあり」、「人間が感じたり考えたりするその仕方が、そのまま厚生の一部分を成している」からである（Pigou 1920, 14: 訳I一七）。マーシャルもピグーもこうしたことを考えていたのであって、「近代経済学の主流は、ラスキンやモリスに耳をかさなかった」という評価にも再考の余地があるように思われる（都留一九九八、一三六～一三七）。福田の解放の社会政策、創造の解放、“painful exertion”である労働からの解放、労働が喜びとなるような“Joy for ever”等々は、都留のこのような主張を、二〇世紀の初めに鮮明に述べたもののように思われる。

注

（1） W. H. Dawson, *The Evolution of Modern Germany*, 1908: 大日本文明協会編輯『現代独逸の発展』一九一〇年。

（2） 都留は「労働の人間化」を主張する論文（都留一九九四）を、ミルの定常状態＝ゼロ成長状態でも人間と文化の進歩は大いにありうるという引用（『経済学原理』第四編第六章）で始めている。

（3） J. E. Stigliz, A. Sen and J. P. Fitoussi, *Mis-measuring Our Lives: Why GDP Doesn't Add Up*, 2010. 福島清彦訳『暮らしの質を測る——経済成長率を超える幸福度指標の提案』金融財政事情研究会、二〇一二年も参照。

# 第6章　福田、ホブソン、イギリス福祉国家――「資本主義の前途」

## 1　福田の『厚生経済研究』とその歴史的環境

福田が、一九三〇年五月に生涯を閉じるほぼ二ヶ月前に公刊した八〇〇頁を超える大著『厚生経済研究』（『著作集』第一九巻）は、一九二六年秋、欧州の旅から帰朝して以来一九二九年秋・冬に至る三年余の間に執筆または口述したもの、『全集』とヨーロッパ出張・外遊以降の研究成果であった。『厚生経済研究』の第一篇「研究及び論説」がその本体をなし、「アリストテレースの『流通の正義』」で始まり、「余剰の生産、交換、分配――資本主義社会における共産原則の展開」が続く。第二篇「評論及び批判」はその考え方を手近の問題に敷衍した、とくに経済政策に関連するもので、「産業の合理化と資本主義の前途」、「笛吹かざるに踊る」、「惨敗せる製糸工女争議」などを含む。第三篇「マルキシズム概論」（一九二八年一二月の講演をもとにしたもので一〇〇頁に及ぶ）は、「近年猛烈なる勢いをもってマルキシズムが流行」するなかで、「厚生経済研究者としての立場」から、唯物史観と労働価値説とを「平易簡明に略吟味したもの」であった（第一九巻五〇五、（三））。この大著は全体として一九二五年以降、二〇年代後半の資本主義の変化、マルクス主義が広まるなかでの福田の資本主義観を知る上でも興味深い。それは国際的にみてもソヴィエト社会主義が発展するなかで資本主義世界が大恐慌を迎える大きな変わり目であった。[1]

欧州旅行の間、一九二五年の七月、福田はミュンヘン滞在の後ベルリンに行きそこでアインシュタインの招待を受け、またM・ボン教授の招待で、W・ゾンバルト、R・ヒルファディングその他の諸先輩と議論の一夜を過ごした。[2] ゾンバルト、ヒルファディングらとのベルリンでの話題は主として「資本主義の前途」であった（第一九巻一二八）。それは資本主義の変化、行き詰まり、前途について世界の関心を引いていた時代の渦中、『自由放任の終焉』（一九二六年）が刊行され、ケインズが資本主義について新しい著書を書こうとしていた時代であり、日本では福田と同僚の上田貞次郎が「新自由主義」を提唱し、やがて平生釟三郎《はちさぶろう》らとともに自由通商協会を設立する時期でもあった。

福田がいうように、ゾンバルトは一九二八年九月のドイツ社会政策学会で「資本主義の変遷」について報告した（第一九巻一二八）。ドイツ経済学会の「一番の旗頭」であるゾンバルトは『近代資本主義論』の最後に『高度資本主義時代における経済生活』（一九二七年）という巻を出して完結した。福田はゾンバルトから「主なる暗示」を得て、「産業の合理化と資本主義の前途」について一九二九年五月に経済調査連合会で長い講演を行った（第一九巻）。そこには産業合理化の時代における福田の資本主義観がよく出ており、「資本主義行詰らず」という短文（『東洋経済新報』一九二八年一月七日）も基調は同じである。

『厚生経済研究』、他の諸々の研究を進めるのと並行して、福田は一九二七年七月から政府の人口食糧問題調査会委員の職務に精励に努めていた。なお、第二篇の第二論文「経済機構の変化と生産力ならびに人口の問題――一九二五年モスクワにおける講演と討論」は、帰国後一九二六年一一月二四日の龍門社総会での講演であり、「ケインズ氏の講演」、「右講演に対する批評――経済機構の変化」、とともに「私の講演」（「生産力の問題」、「日本の人口問題と侵略主義」、「社会政策より見たる移民問題」等を中心とする）であった。福田は一九二七年秋から首相官邸、内務省社会局での委員会にかなり頻繁に出席し、それは一九三〇年一月初めに入院する直前まで続いた。他の委員は、新渡戸稲造、下村宏、永井亨、永井潜（生理学者）、長岡隆一郎、気賀勘重、塩沢昌貞らであった。内地以外諸地方における人口対策、人口統制に関する諸方策、人口問題に関する常設調査機関（人口問題研究所）、社会省設置に関する件等が議論された（人口食糧問題調査会『人口食糧問題調査会人口部答申説明』一九三〇年四月、一四八～一五〇）。

人口食糧問題調査会は一九三〇年に閉会し、一九三三年一〇月内務省社会局内に「財団法人 人口問題研究会」が発足している。上田貞次郎は、那須皓《しろし》らとともに指導理事になり、その最初の講演会でも、下村宏、永井亨とともに講演をした（『上田日記』昭和八年、一九九頁）。この人口問題研究会は人口問題研究所となって、今日につながるものであり、上田貞次郎は日本の人口問題研究の先駆者でもあった。(3)

またよく知られているように、福田はモスクワでケインズの講演「経済的推移」（Economic Transition）に批判的なコメントをした。福田によれば、ケインズはJ・R・コモンズの時期区分（Scarcity, Abundance, Stabilization）によりながら、イギリスが直面している“transition”を、『自由放任の終焉』（一九二六年七月）、『チャーチル氏の経済的帰結』（一九二五年七月）の内容を敷衍するように論じた。

失業激増、炭鉱の苦境の原因を「平価での金解禁」に帰するケインズの議論を福田は批判し、「イギリスの今日の莫大なる失業の最大原因は、イギリス産業組織の一大支柱たりし外国市場搾り取りの漸次不可能に陥った結果」であるとした。イギリスの失業は、季節的でも周期的でもなく、景気変動と必ずしも相関するものでもなく、「経済機構の変化」、「イギリスにおける資本主義産業の世界的地位の変遷（産業機構の Strukuturwandel）から来るもの」であった。後にG・D・H・コール『イギリスの社会及び経済政策』（一九二九年）の第二章「イギリスの貿易とその将来」をみると、福田の論と「全く符節を合すが如きもの」があった（第一九巻一五二〜一五三、二七一〜二七六）。

## 2　福田の「厚生経済研究」――「イギリス厚生学派」vs 新古典派経済学

福田は大著『厚生経済研究』の序文（「厚生経済研究に序す」）で、経済学の現状と自らの到達点をおよそ次のように書いた。「経済学は行き詰ったと云われています。歴史学派の滅亡とか、限界理論の破産とか云う叫び声も折々は聞えます。しかして、多くの同学者の中には、最も手っ取り早い抜け道をマルキシズムに、殊に唯物弁証論に見出された人も少なからずあります」。また他の人々はアメリカ流行の制度学派や行動主義、イギリスのダグラシズムや新自由主義、大陸のシュンペーター、シュトレラー流の動態理論、カッセルなどの関数理論、ないしはシュパンのユニヴァーサリズム、マックス・ウェーバーの理想類型など、それぞれに新しい旗印を求め出して、馳せ参じている。福田はこの何れにも与することができず、ワルラス、エッジワース、パレート、フィッシャー諸氏の数理的研究に大いなる期待をかけるものの、いまだ前途遼遠の憾みは免れなかった。したがって、「私に残された唯一の道は、ホブソン、ピグー、〔E・〕キャナン諸先生が荊棘《けいきょく》を拓かれた厚生経済理論への進出、これであります」（第一九巻（五））。

『厚生経済研究』は八五歳を迎えたブレンターノに献呈するために企画された。自ら言うように、厚生経済という考え方は、経済学を始めて以来多少もっていたが、「厚生経済」についてまとまった思索をしたのは、一九一五、一六（大正四、五）年以降のことであった。その際に、ドイツ、フランス、イタリア等の学者の著作を別にすると、「ホブソン氏の諸々の著作（『産業組織』『労作と富』『現代資本主義の進化』『分配の経済学』などなど）」が、「最も多くの示唆を」与えた。次いで、「ピグー教授の『富と厚生』（後に『厚生の経済学』）、キャナン教授の『富』（近刊第三版殊に勝れり）の二書から益を享けたところが少なからず」あった（第一九巻（三）〜（四））。

福田は厚生経済学・福祉の経済学についてとくにホブソンから学ぶところが多かった。彼は渡欧の際、一九二六年五〜六月イギリスに滞在中、多数の英国学者に接する機会があった。「なかんずく〔W・〕ベヴァリッジ卿は、キャナン先生始めロンドン大学の経済学部の諸同人を集めて、一日ゆっくり私に会談することを許されました。ホブソン先生には、先生の病気のため、不幸にして面会することを得ませんでしたけれども、ロンドン『エコノミスト』前主筆〔F・W・〕・ハースト氏の厚意で、同氏宅においてホブソン夫人にお目にかかることを得ました。百聞は一見にしかず、私は親しく諸先生の高潔な人格に接して、十年の読書に勝る益を得ました。しかして厚生経済の研究に進む刺激を著しく受けることができたのです。今この拙著〔『厚生経済研究』〕の組版を終つたとき、あたかもホブソン氏の『富と生』、キャナン教授の『経済理論の再吟味』の二書に接しました。私のこの書は、元より杜撰千万《ずさんせんばん》なものであります。しかし眼の付けどころだけは、両先生とほぼ同じような方面に向かっていることを見出して、私は喜びを禁じ得ないのであります」（同（四））。

シュンペーター『経済分析の歴史』の第四編「一八七〇年から一九一四年まで（およびそれ以降）」が扱う時期は、基本的に限界革命とそれに続く新古典派経済学が発展・定着する時代で、イギリスでは「マーシャルの時代」であり、ピグー＝ケンブリッジの厚生経済学の時代であった。しかし、シュンペーターもその第四章「社会政策と歴史的方法」で言うように、それは同時に新たな社会理論、歴史・倫理主義、経済社会学、制度主義が国際的なレベルで形成・発展する時代でもあった。イギリスでその中心はオックスフォードと創設期のロンドン・スクール・オブ・エコノミクス（ＬＳＥ）であり、オックスフォード理想主義の展開（Ｔ・Ｈ・グリーン、ラスキン、Ａ・トインビー→Ｓ＆Ｂ・ウェッブ夫妻、ホブソン、ホブハウス→ＬＳＥ制度主義者）の中から、ラスキン的厚生経済学者とも言えるホブソンの「もう一つの厚生経済学・福祉の経済学」が生まれ、制度的にも福祉国家の基礎が形成されることになった。このオックスフォード＝初期のＬＳＥの伝統を、ドイツ社会政策学派に因んでイギリス社会政策学派と言うこともできよう。ピグーを中心とするケンブリッジの厚生経済学に対する「オックスフォード・アプローチ」（塩野谷祐一）における「もう一人の厚生経済学者」ホブソンについては、バックハウス・西沢編著 *No Wealth But Life* (Backhouse and Nishizawa eds., I 2010) にバックハウスの章があり、西沢はそれに続く章で福田の厚生経済研究について論じた。

ホブソンはイギリスではケンブリッジの外でより重く受け止められ、アメリカで広く尊敬された。

W・C・ミッチェルが代表的な厚生経済学者として選んだのは、ホブソンであり、ピグーではなかった。ピグーではなくホブソンの厚生経済学、ケンブリッジではなくオックスフォード、LSEの福祉の経済学が、アメリカだけでなくほぼ同時代の日本でも真剣に受け止められたことは興味深い。アメリカの制度派経済学者W・ハミルトンは、「経済理論への制度主義的接近」で、ウェッブ、ホブソン、キャナン、R・H・トーニーおよびヘンリー・クレイらをまとめて「イギリス厚生学派」(the English welfare school) と呼び、このようなイギリスの政治経済学者とアメリカの制度主義との結びつきを明示した (*AER*, 1919, vol. 9, no. 1, 318)。福田は「イギリス厚生学派」という言葉は用いなかったが、オックスフォード理想主義、歴史的・倫理的方法の伝統を汲むLSEの政治経済学者に強く惹かれるようになった。ライオネル・ロビンズ以前のLSEの経済学は、キャナンらオックスフォード・エコノミストによって支配され、ケンブリッジと違う経済学の伝統を創ろうとしたウェッブ夫妻の意向に沿うものであった。創設期のLSEとオックスフォード・エコノミスト、LSE vs ケンブリッジについてはG・M・クートらの研究に詳しいが (西沢二〇〇七、第II部参照)、それは当時のより広範な非正統的、歴史・倫理主義的、制度主義的運動の一部であり、ケネス・ボウルディングによって「ロンドン・スクール制度主義者」として特徴づけられた (*AER*, vol. 47, no. 2, 1957, 3)。福田が最終的に惹かれたのはこの人たちであり、イギリス滞在の際にもケンブリッジにはおそらく行っていない。

## 3　厚生闘争の展開──「流通の正義」と「共産原則」の展開

福田の遺作となった『厚生経済研究』は、『社会政策と階級闘争』との関係が深く、とくに厚生経済学におけるピグー批判、厚生闘争の展開、資本主義の前途に関わる福田の思想の展開を教えてくれる。山田雄三は福田の『厚生経済』を編集するに当たり、『労働経済論』の抜粋、「価格闘争より厚生闘争へ」（『社会政策と階級闘争』第三部第一章）、「復興経済の厚生的意義」（『復興経済の原理及び若干問題』第三章）、そして『厚生経済研究』第一篇の第二、三論文を収録し、全体を「厚生経済の『先駆的研究』」としている。山田が福田の「厚生経済」のコアにおいているのは、「価格闘争より厚生闘争へ」、および『厚生経済研究』の第二論文「余剰の生産、交換、分配──資本主義社会における共産原則の展開」であった。

中山伊知郎によれば、福田の「厚生経済」は、マルクス、マルクス主義との苦闘を通して到達しようとした資本主義のヴィジョンであった。厚生経済という理念・ヴィジョンの基本的な考え方は、「闘争を通じて社会的必要を見つけていく、また闘争を通じてその社会的必要を実現していく」ということであった。福田は若き中山に「モア・ストライキ、モア・ストライキ」と言っていたという。もっともっとストライキをやる、その中で自ずから「社会の必要」がわかってくる。社会の必要は、そういう闘争の過程を通じて出てくるので、「決して上から、これが社会的厚生であるというように与えられて出てくるものではない」。社会的な必要というのは、「多元的な利益集団の闘争によって見い出していく」より他はない。資本主義は、「人間のウェルフェアに対して色々な妨害をする、厚生を奪う、その障害や奪取に対して抵抗する、それが厚生政策の本来の理念」であった。それを福田は「社会政策の原理とはいわないで厚生経済の原理」と言った。マルクス主義に対抗する所以は、資本主義の崩壊を手をこまねいて見ているのではなく、「色々な政策の手段を通じて、資本主義経済の中にほとんど本能的に存在している人間のウェルフェアを蹂躙するその力を防遏しなければならない」ということであった。我々は、「崩壊という道を通じないで、むしろ修正修正を通じて一つの新しい理想に進んでいくことができる」のであった。「その理想というのは共産主義の理想とあまり違わない。そしてよく見れば共産主義的な理想というのは、この資本主義社会の中に一本の赤い糸のように通っているのだ」ということである（中山『全集』第一七集、五五六〜五五八）。なお山田雄三、宮沢健一によれば、福田の価格闘争を超えた厚生闘争は、現代風に見直すと「社会的な厚生関数の設定」の問題になる。価値の対立の過程を通じてより高次元の価値が形成されうるかという問題、社会的な「合意」形成をどう達成しうるか否かの社会的選択の問題に関わってくる（『一橋論叢』第九三巻第四号）。

## アリストテレス「流通の正義」と「共産原則」の展開

『厚生経済研究』第一篇は四篇の論文からなり、「アリストテレースの『流通の正義』」という長大な第一論文（『改造』一九二七年一二月より一九二八年四月に連載したものを大幅に添削補訂）に始まり、第二論文「余剰の生産、交換、分配――資本主義社会における共産原則の展開」（『改造』一九二九年七月に掲載）、第三論文「失業の必然・不必然と失業対策の可能・不可能」（『改造』一九二九年九月に掲載）が続く。第二篇は「評論及び批判」で、その最初が「厚生原理としての流通の正義」である。ここでは、資本主義社会における「流通の正義」と「共産原則」の展開、すなわち「各人からはその能力に応じて、各人へはその需要・必要に応じて」という規律の展開を中心に検討する。この共産原則というのは、厚生闘争を通して実現される「サープラスの社会化」を含むものであろう。

第一編の第二論文「余剰の生産、交換、分配」の第一節が「アリストテレースの『流通の正義』と共産原則」で、アリストテレスの「流通の正義」と「余剰の生産、交換、分配」——余剰の社会化とを結んでいる。福田によれば、マルクスのように、価値論を費用原則——労働価値論で説明することは、資本主義社会における搾取原則を暴露するには有効であるが、「各人からはその能力に応じて、各人へはその需要〔必要〕に応じて」という共産原則は、ロシアのような社会革命がない限りその実現性を失う。アリストテレスの価値論、少なくも『ニコマコス倫理学』における経済観は、この意味の共産原則と相容れるものであり、そこにおける流通の正義のなかに共産原則の展開、「アリストテレースの流通の正義の中に、赤き糸の如くに貫通している共産原則」を認めうると福田は書いている（第一九巻一〇二～一〇五）。

費用原則と利用原則の対立は、経済学の歴史に連綿としてあるが、福田によれば、アリストテレスの経済学・価値論は「利用の経済学」であった。労働原則の形における費用原則を発見したのは、キリスト教の教理によってアリストテレスを解釈し修正したトマス・アクィナスであり、アクィナスは利用原則を費用原則に回転させた。労働価値論の基礎はすでにここに置かれていた。マルクスは、アリストテレスの価値論、経済学を正当に描出しその根底を翻すべく努めた。労働価値論という費用原則は、利用原則と対立するものであることが明らかになった。しかしそれと同時に、マルクスはその信条たる共産原則の実現を遥かに遠い将来に押しやってしまった。

費用原則を固守する限り、共産原則はその実現性を失う。資本主義社会の本体を暴露するためには、費用原則は最もよく役立つが、同時に唯物弁証法によらざる限り共産原則の展開は絶望的にならざるをえない。その反対にアリストテレースの価値論、経済観は共産原則の展開と相容れるものである。その流通の正義は共産原則の正義とみることができる（同一〇二）。

アリストテレスはその倫理学で、正義を広義の正義と狭義の正義に分け、後者をさらに配分の正義と匡正の正義に分ける。配分の正義は、ポリティアの成員たる人々の間に配分される名誉、金銭、その他のものの配分（公納、貢献、公租等の公経済的配分）において現れるものであり、匡正の正義は、人と人との間における諸々の取引において匡正的役割を演じるものである。福田は狭義の正義のなかで、マルクスと同じようにとくに第三種の正義として「流通の正義」（交換的または流通的正義）を問題にする。マルクスは価値形態論のなかで等価形態を論じる際にアリストテレスの「流通の正義」論から引用し論評した（同二〇〜二二）。福田は「アリストテレースの『流通の正義』」論の冒頭「開題」で、「彼〔マルクス〕が最も深い尊敬の態度をもってアリストテレースの説を引用し、論評しているのは、私〔福田〕が今当面の問題とする等価形態論中においてである」と書いている（同一五〜一六）。

## 資本主義の前途

「各人からはその能力に応じて、各人へはその需要に応じて」という共産原則は、余剰の生産、交換、分配の一切を通じて「一本の赤い糸のように」資本主義社会の機構の中に折り込まれていると福田は考えた。「配分の正義を厚生の原理とするロシアの社会」、あるいはマルクス主義その他の社会主義と、「流通の正義を厚生の原理とする我々の社会」すなわち資本主義社会を比較し、「〔流通の正義の〕長所を助長し行くことが配分の正義の樹立よりも、はるかに肝要のことではあるまいか」（同二三七～二三八）とする。「厚生原理としての流通の正義」について説き、流通の正義を厚生の原理とする資本主義の中に、配分の正義を厚生原理とする共産原則がしだいに形成されていると福田は論じた。

中山伊知郎は福田の議論を次のように解説している。資本主義経済の中には、実際に流通、分配の過程を通じて共産原則が一本の赤い糸のように通っている。赤い糸というのは分配の正義で、そのことは福田の論文「厚生原理としての流通の正義」で説明されている。流通の正義を厚生原理とする資本主義経済の中に、配分の正義を厚生原理とする共産原則が生まれている。いつの間にかそれが生まれている。社会主義のように、いきなり流通の正義を捨てるのではなく、その長所を助長しながら配分の正義を実現していくところに本当の道がある。福田はそこでマルクスやボルシェヴィズムと分かれる。すでに資本主義経済の中に、やり方如何によって共産原則を実現できるようなものが芽生えているし、それを発展させることができる。中山は、馬場啓之助『資本主義の逆説』（一九七四年）に言及し、資本主義はいつの間にか形を変え、あるいは性質を変えて、「労働とか配分の正義というようなものを含んだ経済になりつつあるのではないか」という見方に触れ、そういう考え方の原型あるいは同型が福田の中にすでにあったのではないかと述べている（中山一九七八b、七三〜七五）。こういう資本主義観は実質的に都留重人にも引き継がれているように思われる。

## 4　「余剰の生産、交換、分配」――厚生経済と社会政策

ベルリン滞在、ゾンバルトらとの会合から四年が経過し、漸く「この一短文を草するを得た」というのが、「余剰の生産、交換、分配――資本主義社会における共産原則の展開」（『厚生経済研究』第一篇の第二論文）であった（第一九巻一二八）。それは、ベルリンで「資本主義の前途」を議論してから、福田が得た一つの到達点であった。

資本主義社会は「余剰の生産、交換、分配」の社会であり、費用原則でも利用原則でもなく、余剰原則こそが資本主義社会を支配する根本原則であった。価格の経済学はブルジョア学としては正しくても、人間の厚生経済学としては便法に過ぎないのであった。人は所得をもって生きていくのであり、経済行為としての所得配分の理解が経済発展の問題の背後にある。「所得行為が経済行為の全体」であった（第一九巻一一七）。

我々は所得をもって生きて行く。我が資本主義社会は、生産に先行し、さらに生産諸条件の分配に先行するこの所得の分配によりて、維持せられしかして発展してく。価格はこの所得を決定する一の道具たるのみ。道具の吟味は肝要である。しかし、それは畢竟道具の吟味たるに止る。それ以上

の何物でもない。我々の経済的存在にとって、しかしてそれを通して、我々の真の生存にとって、意味をもつものは、ひとり所得である。価格ではない。価格は意味をもつものの、その意味を測るメートルにすぎない。所有も、貨幣も、我々の経済生活にとって真の意味をもつものではない。それは、所得の形成上の現象態たるに他ならない。（第一九巻一一七～一一八）

『社会政策と階級闘争』の第三部第一章「価格闘争より厚生闘争へ」の第一五節（最終節）に山田雄三は「余剰の厚生闘争」という題を付けた（山田編一九八〇、八七）。そこでの議論は前章で見たように、賃金取得者と利潤取得者との厚生闘争であった。福田は、『厚生経済研究』の第二論文「余剰の生産、交換、分配」でこれを敷衍・展開する。「余剰価値闘争」は、もとより、資本主義社会にあっては、先ず第一に、利潤取得者と雇用労賃取得者との間に行われる。これは、誰の眼にも明らかなことである。しかし、「厚生経済の立場から見れば、社会的に必要なる所得と、社会的に必要ならざる所得――前者を『値する所得』、後者を『値せざる所得』と名づけよう――との間における闘争こそ、真の厚生的意義をもつものであって、雇主と雇用労働者との階級闘争は、それが、この意味の真の厚生闘争であるが故に、重大なる厚生的意義をもつものとなる」（第一九巻一二二～一二三）。

以下、福田の議論を順に詳しく見ていく。まず、①「アリストテレースの『流通の正義』の共産原則」が言われ、次に、②「費用原則とマルクスの労働価値論」が説かれる。そして、③「生産に先行する分配」で、費用原則＝搾取原則→社会主義＝配分の正義をこえるあるいはそれと異なる余剰原則、余剰の源泉と余剰原則（余剰の生産・交換・分配）の発端と仕組みを明らかにしようとする。福田によれば、マルクスは余剰の生産を明らかにしたと同時に、それを生産の領域に閉じ込めすぎた。しかし、マルクスは実際には次のようにも言っている。「消費手段のその時々の分配は、生産諸条件それ自らの分配の結果たるに過ぎないものである」。「物的生産諸条件は、資本所有ならびに土地所有の形態の下に非労働者に配分せられ、他方、大衆は、単に、人的生産条件たる労働力の所有者たるにすぎざることに資本主義的生産方法は立脚する。「生産の諸要素がかくの如く分配されてあれば、今日の如き消費手段の分配は、当然それから生じ来る」（第一九巻一〇九）。

マルクスは、いとも明瞭に生産諸条件の生産先行的分配を説き、この「生産諸条件の分配」をもって、「生産方法の一特徴である」としている。すべては「生産」に帰着するが如くに考えられようが、生産諸条件は、「資本所有ならびに土地所有の形態の下に、非労働者に配分せられ」、「生産の諸要素がかくの如く分配されてあれば」、「今日の如き消費手段の分配は、当然それから生じ来る」といい、「物的生産諸条件が、労働者ら自らの団体的所有であるなれば」、「今日のとは異なる消費手段の分配は、同じく当然にそれから生じ来る」と断言をしている（同一一〇）。

次いで、④「余剰と生産及び流通」、⑤「資本主義社会における余剰と所得」について、およそ以下のように説明される。余剰価値の生じる源は、生産先行的なる生産諸条件の配分の中にすでに存している。それが成立する所以は「労働力の売買」という交換過程によって説明される。商品として売られ、買われるものは、労働ではなく労働力である。そしてそれは、生産過程における問題ではなく交換（売買）の問題である。無論その売買は、資本主義的生産方法の一特徴たるに相違ない。しかし、その特徴を成立せしめたのは、生産に先行する生産諸条件の分配関係である（同一一三）。分配の問題が、経済学の主要問題・中心課題であるのは、余剰原則こそ、資本主義社会を支配する根本原則であるからである。費用原則でも、利用原則でもない。だから、「リカードは、分配の問題は、その労働価値説と無関係に説き得るとさえ断言した」。要するに、「地代、労賃ならびに利潤の諸大問題は、全生産物が、地主、資本主、及び労働者の間に分割せらるる比例によって説明されねばならぬ。しかして、この比例は価値の理論と、本質的に結びついていないものである」（第一九巻一一四～一一五）。

そして、⑥「価格と所得――二つの流れ」、⑦「発展する資本主義社会における貨幣所得の流れ」が説明される。まず、所得と価格が論じられ、次いで、「発展なき社会」と現実の資本主義社会である「発展する社会」とが説かれ、二つの貨幣所得の流れ、発展なき社会のG－W－Gと発展する資本主義社会におけるG－W－G'（G'＝G+ΔG）とが示される（同一二〇）。

発展なき社会においては、資本にむけられる生産活動は、その消耗を補填するに止まる。発展する資本主義社会においては、生産活動は、より多くの資本を作り出すことに向けられ、それは貯蓄である。現代の流通社会にあって、「消費は所得をもって消費品を購うこと」、「貯蓄は所得をもって生産財を購うこと」である。消費は商品の生産を促し、貯蓄は資本の生産を促す。しかし、「所得はいかなる場合にもこれを貯蓄することによりてより多くの用をなし得るものと考えてはならぬ。発展する社会は、これなき社会に比して、貯蓄の弾力性を著しく多くもつには相違ない」。しかしそれは無限ではなく、限度があり、選択の要がある。「社会的に必要な貯蓄のみが、真の貯蓄である」。「社会的に必要ならざる貯蓄は、厚生を害する。それと同時に、社会的に必要な貯蓄を減ずる消費もまた厚生を害する」。「生産力の維持と増進とに社会的に必要なる貯蓄と、同じく生産力の維持と増進とに社会的に必要なる消費との間には、その時々に応じた一の正しい配分の比例が存する。この比例を保つことが真の均衡である」(同一二二～一二三)(4)。

しかし、この「真の均衡」は発展する資本主義社会のなかで維持されない。「この均衡を破るものは、生産に先行する生産諸条件の分配関係の中にも存する。それとともに、生産行程の進行中における貯蓄と消費との相互関係の間にも存する」。「生産方法の特徴の中にも存するし、労働力売買の交換過程の中に存する」し、また「諸々の生産関与者と諸々の生産非関与者との間にも存する。しかしてまた、所得取得者と所得徴発者たる国家、自治体、その他の団体との間にも存する」。

国家、自治体、その他の公私の団体の強制的ならびに任意的挑発は、所得の正しい分配を、あるいは助長しあるいは阻碍する。また、国家、自治体の公企業も、同様の作用を有する。「今日において、所得の厚生的分配の立場から見れば、国家、自治体の租税公課、ならびに、その諸々の公企業及び事業、社会政策的の諸々の事業及び施設は、幾多の過誤あるにもかかわらず、これを、他の生産非関与者の所得、ならびに生産関与者の不必要貯蓄及び消費――これらを一括して、不労所得と名づけてもいい。『値せざる所得』の意において――に比する時は、正しき均衡の持ち来しに著しく役立つことは、これを拒むことはできない」(同一二二～一二三)。

こうして、⑧「共産原則の展開」で言う。「余剰の生産、交換、分配」を通して見られる「資本主義社会における共産原則の展開」、すなわち流通の正義の展開が福田の暫定的結論であった。「各人よりは、その能力に応じて」、「各人へは、その需要・必要に応じて」という共産原則は、「余剰の生産、交換、分配の一切を通じて、一の赤き糸の如くに、現代の資本主義社会の機構の中に、織り込まれていた。「資本主義社会は、その階級闘争により、その『労働協約』により、その『最低または生存賃金』により、その労働保険その失業保険により、しかしてまた、その資本主義的国家および公団体の租税、公課と、しかして、諸々の公企業、公営造物により、『余剰価値闘争』を、漸次に展開せしめつつある。」こうして制度、政策、闘争を通じて実現されていく社会的厚生・福祉の増大は、後に都留重人が言った「サープラスの社会化」という考え方に繋がるように思われる。福田によれば、こういう見方は費用原則と利用原則との葛藤――価格経済理論の中には現れず、余剰原則あるいは「余剰の学」に目ざめ、社会的余剰の流れを見るときに現れるのであった（第一九巻一二五～一二六）。

資本主義社会は「余剰の生産、交換、分配の社会」であり、所得獲得社会であった。山田雄三も言うように（山田一九五五、三三〇～三三四）、「余剰の生産、交換、分配」では、資本主義社会における余剰の生産・分配、所得の獲得、そしてホブソンが言う「不生産的余剰」、「不労所得」の社会化が、動態的観点から取りあげられる。福田の議論は、ホブソンの『産業制度――勤労所得と不労所得の研究』（初版一九〇九年、改訂第二版一九一〇年、新改訂版一九二七年）に強く影響されている。[5]

## 5　福田とホブソン――「ニードの原則」、余剰の社会化

ホブソンは『産業制度』の第一九章「産業の人間的解釈」で、およそ次のように論じている。産業

制度は、人間の意志や満足という見地から解明することができ、社会的進歩のアートは、現今の快楽計算を何らかの理想的基準で試される社会的善の用語に置き換える必用があった。「産業における社会経済は、『各人からはその能力に応じて、各人へはその必用に応じて』という格率にしたがって、諸階級および諸個人の間における生産と消費の自然の関係を確保することを目標にする」。これが、個人主義と社会主義双方によって認められる有機的世界における分配の一般法則である。あるいは、これが「動物有機体と同様に産業制度に当てはまる分配の有機的法則」である。現在の経済的分配の過程がこの有機的法則に反しているまさにその程度に応じて、無駄が生じ"illfare"が"welfare"に取って代わっている。費用と「不労余剰」(unearned surplus) との区別が、分配の経済的法則と「人間的」法則との乖離の程度や形を測る忠実な尺度である。

こういう「余剰」を、労働者階級の向上や公共生活の改善のために吸収し利用することが産業の人間化の根本的な条件であった。またホブソンは「余剰」について、「余剰」は、健康、教育、および安全のために経済的に利用されると、個人の人格・人間性を発展させ豊かにし、量的経済をより質的な経済に換えていくと言う。これは都留重人が言うサープラスの社会化であろう。ホブソンによれば、必用・ニーズの個性化は、仕事の性質に反映し、技術や技芸の新しい要素を教える。利得は二重で、"vital cost"を減らし、消費の"vital utility"を高める。こうして改善された分配は、客体的富の生産増大、および生産単位あたりの"vital cost"減と"vital utility"増をもたらす (Hobson 1910, 312-315, 327-334: Hobson 1914, vii-viii)。社会経済の装置としての現在の産業制度の機能についての批判は、あまりに無駄が多く、生産的諸精力を「その力に応じて」喚起していないし、生産物を「必要に応じて」

分配してもいない（Hobson 1910, 331）。

ホブソンは余剰を、「生産的余剰」と「不生産的余剰」に分ける。「生産的余剰」は、利子、利潤または賃金の上昇として現れ、「より多くのあるいはより良質の資本、労働、または能力」を生産的に用い産業を成長させるもので、産業制度がこの余剰部分を生産性向上の促進に充当させるようになっていれば、分配上の衝突はないし無駄もない。「不生産的余剰」は、地代の全部、および高利子、高利潤、高報酬、または高賃金として資本、能力、または労働に支払われる「不労所得」で、こういう要素の生産性をより向上させるように用いられないもので、無駄の主要な源泉であるだけでなく経済的弊害の主原因である。この「不生産的余剰」、さらには「不労所得」は、その受領者に怠惰と非効率性のプレミアムとして働き、ぜいたく品に気まぐれに費消され、雇用の不規則性を生み、生産と消費のバランスを狂わせる（ibid. viii）。

それゆえ、「不生産的余剰」がどういう形態でどれほど大きいかを発見することは国家の重要な仕事であり、この余剰から、公共サービスに必要な財源を確保することが政府の健全な財政政策であった。これと同じ考え方に沿って、賃金により大きな分配を求める労働の組織による労働組合主義その他の運動も経済的に正当化される。この不生産的余剰を、労働者階級の状態の改善、国家の生産的および規制的な諸活動の拡充のために利用できるようにする産業的および社会的立法が形成されてきた（ibid. ix-x）。健康、教育、安全性は公共財の三大部門で、社会による充分な行政・管理が行われれば、社会の全階級の生活水準に影響し、富の相対的な価値評価を変え、産業に対する需要を変え、真の富のはかり知れない増大を産み出すのであった（同三二二）。

ホブソンにとって、所得分配への接近は決定的に重要で、「有機的余剰価値」の理論は彼の経済哲学の核心であるという（Allett 1981）。費用は各種の生産要素を維持するのに必要な最低限から成り立つと考えられるが、市場競争の結果、あるものは最低所得を受け取れず、あるものは最低限を上回る余剰を受け取る。余剰すなわち「稼得されない部分」は、個々人の自己実現にとって必要な資源であり、社会全体に帰属するものでなくてはならないが、現実には、市場を通ずる分配によって浪費されている。ホブソンは、社会的福祉の基準は有機的社会の自然的進化によって実現されるという。「資本主義は、その最も理想的な形においても不公正な分配制度であるという顕著な結論にホブソンが到達したのは、彼の理論が経済諸関係の有機的価値の分析に基づいていたからである。個別の生産要因がすべて十分な経済価値を支払われても、そのあとに、どの生産要因にも属さない余剰が残るであろう。この余剰は有機的協働による生産過程で作り出されたものであった。したがって、適正な等価交換は、この余剰が『社会に共通の富』（commonwealth）として社会に還元され、公共の福祉計画の支援に用いられることを必要とするのである」（Allett 1981, 76. 強調は引用者）。

福田は、イギリス社会が進める福祉国家建設の中に共産原則の漸次的な進行を認めようとする。第二次労働党内閣が誕生した直後の一九二九年六月一〇日、福田は「この内閣の成立がイギリスにおける『共産原則の展開』に重大なる意義をもつに至るかも知れぬこと、しかして、それがイギリス資本主義の前途に、些少ならざる関係をもつであろうことを思い、私の興味は更に一段の刺激を覚える」と書いた（「余剰の生産、交換、分配」の追記、第一九巻一二八）。さらに、論文「失業の必然、不必然と失業対策の可能、不可能」(『厚生経済研究』第一篇の第三論文)でいわく。

私はこの混沌場裡に、なお一条の赤き糸の如く、正しき原則の漸次に台頭しつつあることを認めざるを得ない。しかして、私は、これをもって「資本主義社会における共産原則の展開」の更に一つの例と見ざるを得ぬものである。なかんずく、私はイギリスの新内閣を形づくった労働党中のある人々について、その著しき展開を認める。……その「経済参謀本部」の企画は少なからず私の注意を惹くものである。私は、かつてはギルド社会主義者たりしコールの新著『英国の社会及び経済政策における次の一〇年』(一九二五年刊)を、その説明書として、有力なるものと見る。恐らく、新内閣の思想的台帳は、この書において見出されるであろう。(第一九巻一四八〜一四九)

ここで福田、ホブソンが言う「余剰」の社会的還元、「ニードの原則」は、都留重人が言うフローの社会化、ストックとフロー、社会的サープラスの考え方に繋がるように思われる。都留によれば、封建制とか資本制社会という歴史的な政治経済体制の発展段階を区別するものは、基本的に剰余生産(サープラス)の形態であり、体制変革の契機はこの形態をどのように変えるかという点にある。私的利潤発生の根拠になっている私有化された生産手段を一挙に国有化ないし公有化するという戦略に対して、サープラス部分を徐々にでも公有化するという戦略の方がはるかに実現しやすい。生産手段のようなストックの公有化実現のためには、階級闘争による革命という一挙変革のステップが想定されるのに対して、ストックでなくフローであるサープラスの段階的社会化は、租税政策や物価政策を通してサープラスの一部を計画当局の手中に収め、それを民生用のインフラ整備や国民の社会保障に充当させることとなるので、世論を背景とした民主主義的に実現可能な変革ストラテジーとなりうる（都留二〇〇四、四七～四八）。

注

（1）『大塚金之助著作集』第三巻は『世界恐慌』で、「世界恐慌とソヴェート連邦」、「ソヴェート同盟はこんなに延びる――社会主義の建設と資本主義の恐慌」等を含む。

（2）その後、九月にはロシア学士院二〇〇年記念祭のため、ロシアに行ってモスクワでケインズらに会っている。経済学関係者は六人招待され、スウェーデンからはG・カッセルのはずであったが、彼は来られずE・ヘクシャーが来た。この招待は福田がベルリン－パリ滞在中に決まった（第一九巻二七〇）。

（3）上田貞次郎の人口問題研究は、満州事件の後、日本経済研究会という上田の背広ゼミ、また一九三一年から太平洋問題調査会の活動に参加するなかで推進、加速された。太平洋会議は新渡戸稲造が日本の代表で、「新渡戸グループ」（蝋山政道、高木八尺、横田喜三郎、鶴見祐輔、前田多門、松本重治ら）の那須皓が人口食糧問題を取り上げていた（上田正一一九八〇）。『上田日記』昭和七年、一七五頁、「人口問題研究」の項を参照。

（4）大熊信行は福田のこの箇所を『マルクスのロビンソン物語』の「序」にそのまま長く引用している。留学で七月八日に最初の目的地ロンドンに到達したが、イギリス大使館気付で送り届けられていた雑誌『改造』（一九二九年七月）は、「余剰の生産、交換、分配」を巻頭にいただくものであった。大熊は「この雄編が全体として私自身の問題に与えるところの示唆の測るべからざるものであることを発見し、……配分法則の動学的適用に対する最初の地界標であることを認めるに至った」（大熊一九二九、一八～一九）。

（5）ホブソンが、「発展なき仮定社会には分配の問題なしと断言せるは、今なお私の耳朶《じだ》に鏘々《そうそう》たる響を残している」と福田は言い、『産業制度』を参照している。費用原則や利用原則の立場（価格経済学）に立つ限り、その経済理論体系に、真の分配の問題が存在しないことは、「その原則の仮定の上に立つ発展なき産業社会に分配の事実の存し得ざるに同じ。マルクスが、この理を道破したことは、その一事だけを以てして千古の卓見なりと云わざるを得ぬ。マルクスに少しもかかわることなく、同じ洞察に到達したホブソン氏を私が現代イギリスの理論家の第一位——ホートレー、ピグー両氏と並べてしかして、ケインズ氏などは与らず、——に置く所以は、そこにある」（第一九巻一一五～一一六）。

# 終章　晩年の福田徳三――『内外経済学名著』の復刊と併行講義

ヨーロッパ出張・外遊の後、一九二七〜二八年には、福田徳三『経済学全集』廉価版二四冊が「総索引」とともに出版された。「総索引」の頃には、「唯物史観経済史出立点の再吟味」（『改造』一九二七年五〜九月、翌一九二八年五月に前冊刊行）、一九二七年七月には『鼎軒田口卯吉全集』、学友・左右田喜一郎の死、『内外経済学名著』の再興、人口食糧問題調査会、改造社版『経済学全集』の第二巻『経済学原理』総論及び生産篇、『厚生経済研究』と続く。死ぬまでほとんど休みがなかったのではないだろうか。『厚生経済研究』の校正は入院中の病室で行われ、二月に上巻、三月に下巻、そして合冊が出版され、五月に永眠した。

福田は一九二七年にコロンビア大学のセリグマンとともにフランス学士院客員に推挙され（日本人としては黒田清輝に次いで二人目）、翌年にはレジオン・ドヌール勲章を受賞した。一九二七〜二八年の夏、軽井沢で福田一家を囲んで、宮田喜代蔵、赤松要、大熊信行、梅田政勝の同期生が集まることがあり、大熊はその頃が福田の「黄金時代」ではなかったかと回想し、梅田も「先生としては得意の頂上ではなかったかと思う」と述べている。そして、「寄るとさわると当時の我々は、価値論をつきぬ話題にしていた」（『追憶』九五、一一四）。宮田、赤松、梅田の三人は福田の「外遊」の時、ドイツ留学中であり（それぞれハイデルベルグ、フライブルグ、チュービンゲン）、ミュンヘン、キーム湖畔のブレンターノの別荘、スタルンベルヒ湖畔のマイヤーの別荘等で行動を共にした。

## 1 『内外経済学名著』の復刊

叢書『内外経済学名著』は、福田の慶應義塾時代の「秘蔵っ子」である小泉信三の訳書ジェヴォンス『経済学純理』（一九一三年）を第一冊として創刊された。その後、中断していたこの叢書が一九二七〜二八年に再興・復刊された。それは福田と最初期（第一世代）のお弟子である坂西、左右田との学友関係、その後の第二世代のお弟子との学友関係の所産であった。左右田は一九一三年夏にドイツから帰国し文化価値の経済哲学、人格主義哲学によって一世を風靡した。父の後を継いで、一九一五年三月から左右田銀行頭取になっていたが、昭和金融恐慌で銀行が破綻し、四六歳の若さで病没した。左右田は一九二七年八月一一日に亡くなり、福田は一七日に「左右田博士の逝去に際して」（『如水会々報』一九二七年九月）を書き、同じ日に軽井沢で、『内外経済学名著』第三冊（宮田喜代蔵訳リーフマン『経済学原論』（一九二七年九月））に「リーフマン経済学原論に序す」を書いている。福田の第二世代のお弟子の一人、宮田は卒業とともに名古屋高商に赴任し、一九二三年からフライブルクに留学しロバート・リーフマンのもとで学び、この『経済学原論』（初版一九二四年）の翻訳を進めていた（「訳者小引」）。

『内外経済学名著』第二冊は、叢書創刊の頃に坂西由蔵訳フックス『国民経済学』と決まっていた。一九二七年に福田は坂西と「熟議商量の結果、一度中絶となっていた『内外経済学名著』を再興することにした」。それは実は、このフックス本を坂西訳によって往年予定した通り、世に出したいということが第一の動機であった。左右田はこれを非常に喜び、再三フックスとも交渉の労をとり、病床から福田に寄せた手紙の最後のものの一つは、この訳書の進行に関するものであった（「序す」）。「フックス国民経済学に序す」には二人の「学友」への福田の思いが滲んでいる。福田は左右田の遺著となり、フックス指導下における処女作であった『貨幣と価値』（川村豊郎訳、一九二八年）に短い「序」（一九二八年二月一二日付）を書いているが、そのすぐ後に、「フックス国民経済学に序す」（一九二八年三月付）を書いた。福田は、「同学、同窓」の左右田、坂西の二〇余年の「交友」、「骨肉の間と雖も、これに比するを得ざるほど懇切を極めた」交友、その後の坂西の失明と辛苦・辛労の末の新たな訳稿の完成、そして坂西の「学問に対する真率の心情」、左右田の死を「感慨実に禁ずべからざる」思いで語っている（「序す」）。坂西は神戸高商で大塚金之助の師であるが、大塚が一九二四年一月に足かけ六年ぶりに留学から帰ったとき、坂西は「完全に失明して」いた。

福田はまた一九二七年一〇月に「クールノー富の理論に序す」を書いている。中山伊知郎は二月に訳稿を残して留学に旅立ったが、「なお、入念に推敲するため」に、その訳稿を携えて上船し、インド洋航海中、校訂の業にあたった。東北帝国大学の岡田良知教授が同船しており、航海中にとくに数学的部分について改善が行われたようである。中山は「訳者小引」を四月九日付で「エトナの白煙を左に眺めつつ」書いている（中山は、初めベルリン大学でL・ボルトケヴィッチを訪ねたが、半年弱でボン大学に移りシュンペーターについた）。A・A・クールノー『富の理論』は『内外経済学名著』第四冊であるが、福田の序によれば、「杉本君が、進んで印刷校正の任」を引き受け、「中山君の希望により、ムーアの筆に成るクールノー略伝を、本訳書に附載した」が、その邦訳は「中山君の後を承けて、……捕手として留って居らるる山田雄三君を煩わした」。「索引は、杉本君が作成」し、「この訳本は、その成立から、その刊行に至るまで、終始学友間の共労によるもので、中山君の留学置土産として、最もふさわしいもの」であった（序）。

杉本自身はウィルヘルム・ロッシャー『英国経済学史論――一六、一七両世紀に於ける』（『内外経済学名著』第六冊、一九二九年）を訳し、その後留学に出た。福田のロッシャーへの思いは「英国経済学史論に序す」（一九二九年一月一九日）によく出ている。「私の永年の心願は、何とかしてロッシャー先生の著述中学問上最も重要なるものを世に紹介したいということにあった。今杉本学士のこの訳――ならびに続いて刊行すべき山田学士の『国家経済学講義要綱』の邦訳――を得て、私の三〇年に近い心願は、漸くにして充たすことを得た」（「序す」）。[1]

山田雄三は高島善哉と同期であるが、後年、山田、高島の二人は、『内外経済学名著』の精神を受け継ぎ、「一層拡充強化」しようという意図のもとに「経済学名著選集」の刊行を企画し、その第一輯が杉本栄一編『マーシャル 経済学選集』（日本評論社、一九四〇年）であった（「『経済学名著選集』刊行の辞」一九四〇年八月）。この「名著選集」には、山田雄三訳『ミュルダール 経済学説と政治的要素』（一九四二年）、高島善哉訳『スミス グラスゴウ大学講義』（一九四七年）などが含まれている。福田の外遊中、山田、高島は、一九二四年に帰国し翌二五年から「経済学史」を講義していた大塚金之助のゼミに引き取られ、福田が帰った後、山田雄三は福田のところに戻ったが、高島はそのまま大塚のところに留まった。高島は福田のもとでオーストリア学派の限界効用論を学び、「経済学の非社会的性格」にあきたらなくなっていたところに、大塚が「経済学の社会化」を説き、「救いの糸口を与えて下さった」。高島は助手論文の後、『新興科学の旗の下に』に「金利生活者経済学の最後の型——リーフマン経済学の一批判」（一九二九年三月）、「価値論なき流通論」（一九二九年四月）を書き、福田との距離が広がっていく（高島『著作集』第一巻「解説」[2]）。

## ワイマール末期のベルリン——杉本栄一、大熊信行

杉本栄一は、一九二九年四月に附属商学専門部助教授になるとともに、ヨーロッパ留学（ベルリン、キール）に出ている（これはいずれも福田の押しによるものであった）。杉本は、ワイマール末期のベルリン大学でワーゲマンに実証的な景気変動論を学ぶかたわら、マルクス主義者で主体的唯物論者カール・コルシュの影響を受け、またワシリー・レオンチェフと交友を結んだ。レオンチェフは一九二九年にフンボルト大学で学位（「投入産出分析」）を取得し、一九三一年にアメリカに渡るまでキールの世界経済研究所で統計的な需要供給曲線の導出を研究し、一九三二年ハーヴァード大学に着任した。杉本栄一は、フランクフルトからニューヨーク経由で三二年五月に帰国しているが、ニューヨークでレオンチェフに迎えられた。また、一九三三年九月、ハーヴァード大学に入学した都留重人がシュンペーターを探して、最初に出会ったのが「レオンチェフ助教授」であることを都留は後に知った（都留二〇〇一、九五）。

一九二七年二月に『社会思想家としてのラスキンとモリス』が出版され、大熊信行は四月から高岡

高商教授になって、『マルクスのロビンソン物語』（一九二九年一〇月）が出版される前の一九二九年五月に英独米への留学に出た（杉本の留学とほぼ同時期であった）。大熊は「マルクスのロビンソン物語――価値法則の背後にあるもの」（『改造』一九二九年六月）に対する福田の前向きな批評「余剰の生産、交換、分配」（『改造』一九二九年七月、第一九巻一〇九～一一〇、一一六、一二二）をロンドンで読んだ（『追憶』九四）。『マルクスのロビンソン物語』の序は一九二九年八月一〇日付で「大英博物館において」書かれている。大熊は「配分原理」（『商学研究』一九二七年一一月）において設定した孤立の巨人像が、『資本論』第一部第一章第四節のロビンソンと原理的に同じであると気づくが、そのことをマルクス主義の立場から批判的に指摘してくれたのは大塚金之助ゼミの栂井義雄であった。栂井の指摘もあって「マルクスのロビンソン物語」は進んだ。大熊信行は一九三〇年七月にロンドンから後輩の杉本がいるベルリンに移った。その年の春、福田の病気が重いことを知り、ロンドンから電報を打つと、折り返して、「そう心配にはおよばない意味の返電」があった（『追憶』九六）。

当時のベルリンは、社会科学研究会の蝋山政道、有沢広巳らが帰った後で、杉本とほぼ同じ一九二九年春にベルリンに入った東大法学部卒で蝋山の一年後輩の新明正道（東北大学）らがいた。新明は一九三〇年早々には杉本栄一に会い、春にきた後輩の服部栄太郎を誘い、その夏に杉本と同門の小畑茂夫（高垣寅次郎ゼミ、大倉高商）らとともにドイツ共産党を除名されたコルシュ、タールハイマーを訪ねて勉強会を重ねた（ドイツ共産党の主流派から、「極左派」＝ローザ・ルクセンブルク主義者として除名されたカール・コルシュと、「右派」＝ブハーリン派として除名されたアウグスト・タールハイマー）。ベルリンに移った大熊信行もそれに参加し、大熊はコルシュをドイツ語の個人教師にもした（新明、大熊らの後、一九三二年には二度目の留学をした河合栄治郎もコルシュのもとに通ったという）。新明の『留学日記』によるとコルシュ宅を初めて訪ねるのは一九三〇年七月一六日、ロンドンから大熊が移ってきた直後であった。この「学究的マルキスト」を囲む研究会は夏の間に集中し、杉本は九月二四日にはキールに向けてベルリンを発ったようである（加藤哲郎『ワイマール期ベルリンの日本人』二〇〇八年）。[3]

ベルリンの社会科学研究会は蜷山の提唱で始まったが、有沢広巳、国崎定洞を中心に左傾化し、やがてベルリン反帝グループをつくる。読書会から実践運動に踏み込んだ一九二九～三四年期のベルリン反帝グループには、社会科学研究会のメンバーだった国崎、平野義太郎の他に、服部栄太郎、三枝博音らの若手研究者、喜多村浩、小林陽之助らのように、旧制高校の学生運動・左翼運動で放校され・退学させられて、日本の大学で進学できずにドイツの大学を選んだ者もいた（加藤、同書）。旧制八高を除名された都留重人がもし自分の思い通りにドイツに行っていたら、この反帝グループに加わっていたかもしれない。

## 2　併行講義――福田と大塚金之助

一九二六（大正一五）年にマーシャル『経済学原理』の新しい改造社版（完訳）を出した大塚金之助は、その後プロゼミで『資本論』を使い、一九二七年からＳＰＳ労働学校へ出て「公然とマルクスをふりかざすようになった」。[4]ＳＰＳ（Société de la Pensée Sociale）は一九二三年春に上田貞次郎ゼミの山中篤太郎、加藤敬三を中心につくられた社会思想の会で、ギルド社会主義の影響が相対的に強かった（山中の卒論は「ギルド社会主義の研究」）。カウツキー版の『資本論』をやるというので、SPS昭和四年組が一九二六年四月大塚プロゼミナールに押し寄せた（大塚ゼミは福田が外遊中の一九二六年に一気に増えたという。SPSで勉強していたメンバーがそのままごっそり大塚先生のゼミナールに入った（『花開く東京商科大学』一二六））。SPSを当初推進したのは上田貞次郎の門下生であったが、創設四年後ぐらいにそれを転進させたのは大塚ゼミの人たち（その中心が栂井義雄、一九二七〜三〇年頃のSPS委員長）であった。山中篤太郎によれば、「私どもはギルド社会主義を研究しておったんです」が、それは「今度はマルクス主義の研究者のグループに」なった（「上田先生を偲ぶ座談会　その二」『上田貞次郎全集』の栞No.1）。山中の同期で親しかった杉本栄一も早くから関係し、労働学校で『賃労働と資本』などの講義をしていた（『花開く東京商科大学』一一一）[5]。

東京商大では、福田の英断で一九二七年から経済原論の併行講義（非マルクスの立場からの原論とマルクスの立場からの原論）が実施された。福田自ら「笛吹かざるに踊る」という文章のなかで、次のように述べている。「私自らの担任する経済原論には、二人の教師が併行に講義を開き、各学生は、二人のうち、いずれにてもその欲する一方を選択することとなっている。これは、原論は私一人の担任であったものを、私から特に申し出て一つの新例を開いたものであって、しかし全学生の約三分の二は、私の同僚の教授の講義を選び、私の講義に来るものは三分の一弱であるのが、常例となっている。私は非マルクスの立場からの原論を講じ、私の同僚は、大体において、マルクスの立場からの原論を講じつつある」（第一九巻三六五）。併行講義は、当初は福田と大塚金之助、福田の死後は中山伊知郎と大塚が担当、大塚は一九三三年一月に逮捕されるまでマルクス経済学を講義して学生に人気を博し、その後は杉本栄一が引き継いだ。

福田は「笛吹かざるに踊る」で、東京商大における経済原論の併行講義の利点に触れている。そして京大でも、適当な教授が非マルクスの立場からの原論を行い、河上のマルクス経済学と並んで講ずるなら、河上が「多少偏した」講義をしたとしても大学としては一向差し支えないと述べている。福田は、世界における経済学の現状は「マルクス賛成、反対相半ばしている」のだから、その一方のみを説くことは、大学教育の趣意に合わないと考えていた（福田「改造社版『経済学全集』について」『改造』一九二八年一〇月も参照）。その「感化の絶大なる」河上に対抗できる有力な学者を得ることは「多士済々たる京大」で、決して困難ではあるまいとして、次のように述べている。「マルクス学において、この上なき河上博士に配するに、非マルクス経済学において、博士と対立し得べき教授を有つ京大は、我々をして健羨《けんせん》に堪えざらしむるものとなるべきはいうまでもないことである。然して、それは、日本の経済学の進歩に必ず重大な刺激を与うることは疑いのないことである」（第一九巻三六五〜三六七）。河上肇が追われた後には高田保馬が着任して経済原論を担当し（『経済学新講』第一巻は一九二九年、「価格の理論」を含む第二巻は一九三〇年）、同じ一九二九年には柴田敬も講師となり、多くの俊才が育ち、京大経済学部の黄金時代を築いていく（『高田保馬博士の生涯と学説』一九八一、四六二、以下諸々に）。また同じ一九二九年に中山伊知郎はドイツ留学から帰り、ちょうどいくつかの大学で若い世代が輩出し、「この時代は長くは続かなった」が、「一時は若い人々の論文が、花の咲くように出てくる時期に際会した」（中山『全集』第六集、二九九）。中山の『純粋経済学』（一九三三年）の頃は、高田保馬、早川三代治、手塚寿郎らによる一般均衡理論の導入、定着の時期でもあった。

後年、福田没後五〇年にあたり、山田雄三は「福田経済学と福祉国家論」で以下のように述べている。福田は近代経済学の自然調和論を斥け、マルクス経済学の歴史的必然論を排して、福祉国家論の立場をとった。同時に近代経済学から自由の要求を学び、マルクス経済学からは生活の重視を汲み取ることによって、資本主義からも社会主義からも離れた第三の途を求めた。しかし、このような福田の立場は先駆的であると同時に孤立的であった。大正末期から昭和初期にはマルクス経済学の著しい流行が見られた。福田は、「この流行的風潮を厭い」、「吟味批判を加えずに他説を鵜呑みにすることを極度に排した。」福田が亡くなる前年の誕生日（一九二九年一二月二日）に門下生の集まりで詠まれた著名な即興詩、「戦々、恐々五十五年、戦うが是か闘わざるが非か」は、「一種の淋しさを漂わしている」が、「マルクス流行に抗し難い孤立感を示している」のではないだろうかと山田は言う（山田一九八二b、一八四。山田雄三「福田先生と大塚先生」大塚『著作集』「月報」一二、一九八〇年）。

福田は外遊（ロシア訪問を含む）から帰った後、大塚にロシア語の必要を説いた。大塚の決意が渋っている間に、福田は一九二七年の夏、ロシア語の「六〇の手習い」を猛烈な勢いで始めた。「私共社会、経済の学に従うものは、……レニン、ブハーリン、ヴァルガ、プレハノフなどの著作……を顧みないということは、かなり重大な欠陥である」（『商学研究』第八巻第二号。福田徳三「日露両国の知的協力」（一九二八年六月五日付、帝国学士院長桜井錠二博士のレニングラード学士院名誉会員推挙祝賀会でのトースト演説））。そして、『改造』一九三〇年一月号の新刊紹介文で、ヴァルガ『世界経済年報』（経済批判会訳）について福田は書いた。「原著者の構想、分析、批判の如何にも該博であるとともに深刻であり、鋭利であると共に確実……であることを見出して、……驚きを成すを禁じ得なかった」。「私の切に感ずることは、ブルジョア経済学の労農露国観のいかにも浅薄、いかにもよい加減のものであると殆ど対照的に、労農学者のブルジョア経済観のいかにも深刻であり鋭利であり該博であり而して少なくもより多く確実である一事これである」。その後の数ヶ月の世界経済様相は、「この言葉の正しさを実証した」のであるが、福田は「それを生き抜くことができなかった」。福田の入院中に、ソヴィエト同盟は五ケ年計画第一年度の成績をすばらしくブルジョア統計面にまで現わした。反対にアメリカを先端とする全資本主義世界は、没落期のなかで一般経済恐慌に落ち込んだ（大塚金之助「世界的規模」『如水会会報』一九三〇年七月、『著作集』六）。

「福田――ブレンターノ書簡」における福田による最後の手紙は一九三〇年一月三〇日付で入院中の慶應大学病院で書かれている。それによれば、中国と日本では、ボルシェヴィキの思潮が大きな影響力をもち、福田は、「今日の学界に対して、マルクスやレーニンに媚を振りまくことなしには、社会科学者としての存在意義がほとんど与えられないという印象」を抱いていた。ロシア・ボルシェヴィキ関連の書物は非常に人気があり、数え切れないほど日本語に翻訳されていた。一〇〇〇人を超える大学生、高等学校の生徒が共産主義絡みの違法行為で拘留され、中等学校における暴動は絶えることがなく、朝鮮では大学生による大規模な反政府暴動が起こっていた。こういう状況下で、福田はブレンターノの文化功労牌授牌に因んで、ドイツの社会政策・社会改良とロシアのボルシェヴィキを並べ、ドイツがソ連と別の道を歩んだことの世界史的な意味を述べている。ドイツが階級闘争やプロレタリア独裁政治の道を拒み、ブレンターノらによる学問的潮流を革命後も放棄しなかったことを讃え、ドイツが賢明にもソ連とは別の道を歩んだことは、「ボルシェヴィキ的煽動に対する我々の闘いにとって非常に大きな助けとなる」と書いている（福田二〇〇六、一一三～一一四）。

福田の長年にわたるよき論敵であった河上肇は、治安維持法のもとで、京大社会科学研究会を指導し、学連（学生社会科学連合会）事件に関わったとして一九二八（昭和三）年に京都帝国大学を去ることを余儀なくされた。福田は、当局の「余りに神経興奮的な措置」に対して、「笛吹かざるに踊る――労農党の解散と大学の圧迫」という激しい抗議文を『東京朝日新聞』に連載し（一九二八年四月二四日～五月八日）、当局による共産党事件の関係者、労農党および大学への圧迫・弾圧を糾弾し、河上の辞職について次のように書いた。「最近の私との論争において、博士はやや神経昂奮的に私に応酬せられた。しかるに、今二〇年近く住み慣れたる京大を去る時、博士は泰然自若として、あたかも挙国の神経昂奮症に一服の鎮静剤を投ぜられるが如き態度を示された」と（第一九巻三六一）[6]。

三・一五事件を契機に当局は京都を中心とする社会科学学生運動、左傾教授に弾圧を加えた。河上に加えて、東大では大森義太郎、九大の向坂逸郎らがその犠牲になった。山田盛太郎も一九三〇年に共産党シンパ事件で東大を追われた（東大は大森、山田の後、人民戦線事件で土屋喬雄、有沢広巳も追われた）。東京商大で福田と経済原論の併行講座を担当していた大塚金之助は、一九三三年一月、『資本主義発達史講座』に「経済思想史」を執筆中に逮捕された。福田の厚生経済・社会政策研究は、当初はドイツ社会政策学会、歴史・倫理学派の影響が濃厚な、そしてマルクス主義・マルクス経済学が急速に昂揚し開花していく（一部で支配的になる）日本の学界を背景に、一九二七年恐慌、ファシズムの台頭、「赤狩り」が進む中で（大内一九七〇、第五、六章）、進められた。

## 若き都留重人

福田は一九三〇年五月八日に五五歳の生涯を閉じたが、奇しくも同じ年の暮れには、若き都留重人が旧制八高「社研」グループ、「反帝同盟八高班」の一員として治安維持法違反容疑で検挙され同校から除名処分になった。都留重人が旧制八高に入学した一九二九年は、「内外、物情騒然の年」、「集約的だった一年」であった。一九二八年頃からの帝国主義的動向に対して、国際反帝同盟に参加する日本支部創立の動きが拡がり二九年一一月に結成された。八高には「社研」という読書会があって、都留はそれに参加し、八高「社研」グループは、「反帝同盟八高班」を結成し、『イスクラ』という機関紙を発行した。「改正」された治安維持法のもとに検挙数・学生被処分数は急増し、都留は一九三〇年一二月に検挙され真冬の三ヶ月を留置場で暮らし、出てきた時には八高を除名処分になっていた。父親は息子を外国で勉強させることに決めていたようで、都留はドイツに行きたかったが、父親は当時のドイツのことをある程度知っていて、アメリカがよい、それに同意するなら費用を出そうということで、都留は一九三一年八月二七日、渡米の途についた。都留がウィスコンシン州ローレンス・カレッジから（ヒトラーの台頭でドイツ行きを断念し）、ハーヴァードに転じるのはその二年後であった（都留二〇〇一、四四～五四、七四～七五）。

注

（1）福田いわく。「近世経済学者中渉猟の最も該博なるをもって誰人も許すカール・メンガーは、ロ先生（ロッシャー）のこの書［『英国経済学史論』］をたよりとしてその世界的価値ある文庫を形成したものらしく見える。……メンガーの学説の依って出づるところの如何に遠く深きことよ。その趣きは英国正統派の文献を網羅的に打尽的に渉猟し尽して、さて正統派経済学に対する全面的総攻撃を開始したマルクスと全く同一轍――もしくはそれ以上――に出づる」(「序す」)。また、山田雄三いわく。『国家経済学講義要綱』の「訳出は、昭和四年末ほとんど出来上がっていたのであるが、なお訳注を残してそのままに筐底《きょうてい》に蔵しておいた。今度、自分の学説史研究の必要から再び取り出して、かなりの修正を施し、出版を決意した」(ロッシャー著、山田雄三訳『歴史的方法による国家経済学講義要綱』岩波文庫、「訳者解説」一九三八年八月)。

(2) 一九二七年に東京商大を卒業し五月助手になった高島善哉は次のように回想している。「私が大学を出てまもない頃、この大学にも唯物論研究とか、社会科学研究とかそういった学生のクラブ活動が盛り上がってきた。昭和三、四年ごろのことである。東京帝大や早稲田あたりではもう少し前からこういうクラブ活動が行われていたのが、やっと私たちの学園にも広まってきたわけである。……そのときから私の研究の進路が決まってしまったようである。」高島は助手論文「静観的経済学止揚の方法」を書き、「マルクスが『経済学批判序説』で素描し、『資本論』においてみごとな結実をみせた方法」が「生涯の研究コース」を決めることになった(高島『著作集』第一巻五〇一〜五〇二)。

(3) なお、杉本栄一は一九二五年に卒業、福田のもとで勉強を続けていたが、一九二七年に尾高豊作や弟の尾高朝雄の支援・企画で設立され(一九二七年九月)、大塚金之助が所長を務める東京社会科学研究所の研究員に高島善哉とともに就任した。尾高豊作は東京高商卒の実業家で、一九二五年に刀江書院を創業し社長となった。福田の『厚生経済研究』は刀江書院から出版され(一九三〇年)、尾高は福田の「指示」により四月五日付でそれをブレンターノに送っている(福田二〇〇六、一一五)。東京社研は大原社研(大阪)に「対抗して」という趣旨もあったようであるが、大塚の後は、一九三二年五月から尾高邦雄が責任者になり、清水幾太郎らが協力したようである。(尾高兄弟の父親(次郎)は渋沢栄一の女婿であり、「刀江」はその雅号であった)。大塚所長のときに研究所が購入していた『インプレコール』*Internationale Presse-Korrespondence* に掲載されていたヴァルガ

『世界経済年報』は、大塚ゼミ出身の石井光（研究所事務長、「事実上の所長」）、小椋広勝が協議し翻訳を始め、経済批判会訳として一九二八年七月に第一集が刊行され第三一集（一九三六年）まで刊行された。（東京社会科学研究所については、高橋彦博「東京社会科学研究所の社会実験」『大原社会問題研究所雑誌』No. 四七九、一九九八年一〇月、を参照）。

（4）大塚は一九二八年九月一七日付の上田辰之助宛て手紙で、「マルクス経済理論は、ファウスト、第九シンフォニー、進化論とともに人類最高産物の一つです。……一切をぎせいとして、人類解放の唯一の正しき道――マルクスをよじのぼります」と書いた（大塚『著作集』一〇巻、八）。

（5）山中篤太郎は一九二五年に卒業し、横浜社会問題研究所研究員となって、翌一九二六年に『日本労働組合法案研究』（岩波書店、左右田喜一郎監修「社会問題研究叢書」第三篇）を出版している。山中は杉本栄一と同年齢（一九〇一年生まれ）の学友で、後年、急逝した杉本に代わって、『追憶』に「福田先生と杉本栄一」を書いている。SPSは、一九二三年六月に一橋会学術部のもとに商工研究会などとともに組織された。翌二四年四月に芝公園の友愛住宅内の講堂でSPS労働学校を開設し、上田ゼミの加藤敬三、山中篤太郎、山中と同期で福田ゼミの杉本栄一が中心メンバーであった。ギルド社会主義の研究、その実証的な基礎である労働状態の調査研究という姿勢をもつ、上田ゼミを中心とする社会思想研究会であった。それが左傾化していく経緯が「SPSを語る」の栂井義雄、佐野久綱（二人とも大塚ゼミ）の談で興味深く語られている（「SPSメンバー大挙して大塚プロゼミに入る」等）。この座談会には、上田貞次郎の息子・正一も出席している。栂井によれば、一九二九年の四・一六事件頃から思想弾圧がますます厳しくなり、一〇月に上田正一も放学処分、SPSの解散命令、労働学校の解散、上田貞次郎もSPS部長を辞め、一九三一年四月に一橋会の予算から姿を消すことになった（『花開く東京商科大学』一〇三～一七五）。

（6）一九二八年二月二〇日、普通選挙法による最初の総選挙が行われ、かなりの数の日本共産党員が労農党の公認で立候補し、日本共産党の署名が入ったビラがまかれた。総選挙後間もない三月一五日、日本共産党および共産青年同盟に大弾圧が加えられ、一六〇〇余名が検挙され、起訴されたものも九〇〇名に上った。東大新人会、京大社研などは解散を命じられ、河上は教壇を追われた。六月には治安維持法が改正（改悪）され、翌一九二九年には四・一六事件が起こった。

# あとがき

本書ではほとんど触れることができなかったが、福田徳三には学問論・大学論がある。慶應義塾で教えていた一九〇七（明治四〇）年の「大学とは何ぞや」はその一端を示している。「大学とは学問のために学問をする所である」。実業学校や専門学校と違い、大学は「学問が最終の目的」で、「教えるも自由、学ぶも自由、……自由なる相互の研究が大学の生命である。……教授も学生も自由に学問を研究する所でなければ大学でない。……何のためという束縛を受けず、ただ学問のために学問を研究するのである」（『三田評論』七月一日）。福田は学問・学術に純粋であり、それが多くの人を引きつけた。最初の留学中一九〇一年のベルリン宣言（「商科大学設立の必要」）から商業大学論、後年・晩年の商科大学を超えた「ウニヴェルシタス・リテラルム」すなわち総合大学論、そして「大学の本義」を説き、「大学をして大学たらしめよ」と訴えた福田の主張には、現代の大学問題にも警鐘を与えるものがあるように思われる。

また本書では、福田の仕事の大きな柱である生存権論、生存権の社会政策にもきちんと論及することができなかった。アントン・メンガーの影響下に、福田は「国家の根本権として国民の生存権を認めよ、しかして財産権を中心とする私法はこれに対しては助法たるべし」（「生存権概論」、第五集二〇三二）と主張した。財産（物）から、人（生）・労働、社会へ、「人たるに値する生活」のための制度・政策＝生存権の社会政策を基礎づけ、そして労働協約、労働団結権、労働法・社会法の改正を主張した。生存権は福田の厚生経済、福祉国家論の基礎でもあり、この側面も、第二次大戦後の現代社会、福祉国家のあり方を考える際に一定の有効性をもつように思われる。福田にはもちろん『日本経済史論』をはじめとする経済史研究がある。五五歳の相対的に短い生涯ではあったが、「闘い」続けた福田は後世に多くのものを遺した。本書は冒頭にも述べたように、「厚生経済」を中心とする、筆者の福田研究の一部にすぎない。

筆者は十数年前から同僚・同学の方々と一緒に福田徳三研究会を行ってきた。福田研究会は、当初は一橋大学学問史に関心を寄せる当時の同僚を中心とする研究会であったが、『福田徳三著作集』の準備・刊行が具体化するなかで、広く福田研究者の協力を仰いで著作集のための研究会を重ねてきた。主要参考文献にも示しているように、『著作集』の作業は継続中であり、まだ道半ばである。本書もこの研究会に多くのことを負っている。また筆者が福田徳三に関心をもつようになったのは杉原四郎先生の教えによるところが大きく、大阪市立大学在職当時に、井上琢智さんと一緒によくお訪ねし多くのことを教えていただいた。杉原先生を代表者とする科学研究費の共同研究「明治期の日本における経済学の制度化」で、高等商業教育機関における経済学教育を分担させていただいたのが、筆者の福田研究の最初であったように思う。それ以降、井上さん、金沢幾子さんはじめ、研究会の方々、関係する学会の方々には資料も含め大変お世話になりました。また、野間口萬里子様、一橋大学附属図書館、経済研究所資料室に深く感謝いたします。そして、日本経済思想史学会の「評伝」シリーズの担当者には大変ご迷惑をおかけしました。お詫びを申し上げます。

二〇二二年一〇月

西沢　保

# 主要人物紹介

## ○東京高商・東京商大関係（高商・商大関係）

### 福田徳三（一八七四〜一九三〇）とその門下生

**赤松要**（一八九六〜一九七四）名古屋高商を経て東京商大の教員に、経済政策の先駆者で、雁行形態論が著名。

**井藤半彌**（一八九四〜一九七四）東京商大教員、財政学。

**上田貞次郎**（一八七九〜一九四〇）福田の教えを受け、福田の薦めで母校の教員に、経営経済学・経営学の先駆者、『企業と社会』を通して新自由主義を唱えた。

**梅田政勝**（一八九五〜一九八七）卒業後、大分高商で教え、その後、福岡大学教授。

**大熊信行**（一八九三〜一九七七）小樽高商、高岡高商で教えた。『社会思想家としてのラスキンとモリス』、『マルクスのロビンソン物語』などを執筆した。

**大塚金之助**（一八九二〜一九七七）マーシャル『経済学原理』翻訳の後、マルクス経済学に傾倒し、東京商大で福田と併行講義をした。

**坂西由蔵**（一八七七〜一九四二）東京高商を卒業し、神戸高商・商大で教えた。『企業論』（一九〇四年）、フックス『国民経済学』、福田徳三『日本経済史論』の翻訳などがある。

**杉本栄一**（一九〇一〜一九五二）東京商大で教えた。近代経済学とマルクス経済学の切磋琢磨、計量経済学重視のスタンスから多くの著作を遺した。

**左右田喜一郎**（一八八一〜一九二七）ドイツに留学、新カント派の影響を受け、『貨幣と価値』などを出版。文化主義哲学を唱えた経済哲学者。

**高島善哉**（一九〇四〜一九九〇）大塚金之助の影響でマルクス研究に、リスト研究を経て、アダム・スミスの三つの世界、『アダム・スミスの市民社会体系』を書いた。

**手塚寿郎**（一八九六〜一九四三）小樽高商で教え、『ゴッセン研究』、ワルラス『純粋経済学要論』の翻訳。

**中山伊知郎**（一八九八〜一九八〇）卒業とともに助手になり、東京商大の教員に。数理経済学の先駆者。ドイツ留学でシュンペーターに学び、純粋経済学・一般均衡論を定着させた。

**福田敬太郎**（一八九六〜一九八〇）卒業とともに、神戸高商・商大の教員に、取引所論等を教えた。

**松浦要**（一八八九〜一九六四）『資本論』の部分訳、リーフマンの翻訳などがある。

**宮田喜代蔵**（一八九六～一九七七）赤松と同期、卒業後、一緒に名古屋高商に、留学後、神戸商大、神戸で教えた。クナップ『貨幣国定学説』の翻訳、『生活経済学研究』などを書いた。

**山田雄三**（一九〇二～一九九六）東京商大、一橋大学で教えた。チューネン、ロッシャー、ピグーなどの研究とともに、国民所得論、計画の経済理論、社会保障政策など多分野で活躍した。

**○東京高商・東京商大関係（高商・商大関係）、一橋大学**

**上田辰之助**（一八九二～一九五六）上田貞次郎ゼミ、東京高商・東京商大で教え、『聖トマス経済学』（一九三三年）等の著作がある。

**佐野善作**（一八七三～一九五二）高商、商大で貨幣・銀行論を教え、一九一四年に東京高商校長、一九二〇年東京商大学長に就任した。

**塩野谷祐一**（一九三二～二〇一五）一橋大学で教え、『価値理念の構造』等、多数の著作がある。

**関一**（一八七三～一九三五）高商の学生時代から福田の盟友。留学から帰国後、高商で交通、工業政策・社会政策を教えた。商大昇格問題で挫折し一九一四年大阪市に転じた。

**滝本美夫**（一八七六～一九一六）商大昇格問題で挫折し、三十四銀行に転じた。ドイツで学んだ財政学の先駆者。

**津村秀松**（一八七六～一九三九）卒業、留学後、神戸高商・商大で教えた。

**都留重人**（一九一二～二〇〇六）ハーヴァード大学Ph.D.，一九四〇年。東京商大・一橋大学で教え、『公害の政治経済学』等多数の著作があり、環境問題に早くから取り組んだ。

**三浦新七**（一八七七～一九四七）ドイツ留学から帰り一九一四年東京高商教授に、経済史、文明史を教えた。

**村瀬春雄**（一八七一～一九二四）一八九三年（東京）高商教授に、海上保険等を教えた。帝国海上保険に勤務しながら東京高商で保険、海運の講義をした。

**山中篤太郎**（一九〇一～一九八一）上田貞次郎ゼミ、東京商大で教え、労働組合法、中小企業論など多数の著作を遺した。

○慶應義塾

**気賀勘重**（一八七三～一九四四）一九〇三年にドイツ留学から帰り、慶應義塾で教え、社会政策学会でも活躍。

**小泉信三**（一八八八～一九六六）福田の慶應義塾時代の教え子、一九一〇年慶應義塾の教員に、留学後、教授になり、リカード研究など多くの著作があり、一九三三年塾長に就任した。

**高橋誠一郎**（一八八四～一九八二）慶應義塾で経済原論、学史を教え、『重商主義経済学説研究』が著名。

**堀江帰一**（一八七六～一九二七）慶應義塾の第一回留学生の一人、一九〇二年に帰国し、銀行論・貨幣論等を講じた。

○東京帝国大学

**有沢広巳**（一八九六～一九八八）東京帝大経済学部で統計学等を教えた。

**宇沢弘文**（一九二八～二〇一四）シカゴ大学で教え、一九六八年に帰国、東大経済学部で教え、『自動車の社会的費用』等を書いて、「社会的共通資本」の必要性を説いた。

**大内兵衛**（一八八八～一九八〇）帝大経済学部で財政学を教えた。森戸事件に連座し、大原社研の嘱託になり、留学後一九二三年東大に復職した。

**金井延**（一八六五～一九三三）帝大法科大学教授、最初の経済学部長、社会政策学会の創設者の一人。

**河合栄治郎**（一八九一～一九四四）農商務省勤務から一九二〇年に東大経済学部に。

**神田乃武**（一八五七～一九二三）英学者、帝大文科大学教授、東京高商・商大教授。

**高野岩三郎**（一八七一～一九四九）帝大で統計学を講じた。ミュンヘン以来、福田の友人で、東大経済学の独立に尽力、国際労働会議の労働代表問題で挫折、大原社研の所長になった。

**東畑精一**（一八九九～一九八三）帝大農学部卒業後、教員に。ボンに留学、シュンペーターに学び、中山伊知郎と親交を深めた。一九三九年から経済学部植民政策講座教授を兼任。

**松崎蔵之助**（一八六六～一九一九）帝大法科大学教授、財政学、東京高商の校長。

**森戸辰男**（一八八八～一九八四）東大で社会問題研究を進め、一九一六年助教授に、森戸事件で一九二〇年休職になり、その後、大原社研の研究員になった。

**吉野作造**（一八七八〜一九三三）帝大法科大学教授、政治学。

**和田垣謙三**（一八六〇〜一九一九）帝大法科大学教授、東京高商でも教え、校長事務取扱も務めた。

**○京都帝国大学**

**河上肇**（一八七九〜一九四六）東京帝大卒業後、一九〇八年京都帝大の教員になり、経済史、経済原論・経済学史を講じた。『貧乏物語』の後、『社会問題研究』を創刊し、マルクス主義の研究、普及に努めた。

**柴田敬**（一九〇二〜一九八六）京都帝大経済学部卒業し、一九二九年から教員になり、高田保馬とともに河上の後を担った。

**高田保馬**（一八八三〜一九七二）京都帝大で社会学を専攻、九大、商大で教え、河上の後、京大経済学部の教授になり、一般均衡論の導入・定着に大きな役割を果した。

**○その他**

**田口卯吉**（一八五五〜一九〇五）沼津兵学校、共立学舎等の後、大蔵省翻訳局で学ぶ。大蔵省在職後、一八七九年に『東京経済雑誌』を創刊。その後、東京府会議員、衆議院議員等を務めた。

**高畠素之**（一八八六〜一九二八）同志社大学中退。社会主義活動に進み、マルクス主義を紹介、『資本論』の日本最初の全訳を完成した。

**大原孫三郎**（一八八〇〜一九四三）実業家、東京専門学校（後の早稲田大学）中退、倉敷紡績の経営者。社会事業・文化事業にも取り組み、大原社会問題研究所、倉敷労働科学研究所等を創設した。

**松方幸次郎**（一八六五〜一九五〇）松方正義の三男で、エール大学、ソルボンヌ大学で学んだ実業家、川崎造船の社長を務めた。

**武藤山治**（一八六七〜一九三四）大正、昭和初期の実業家、政治家。慶應義塾卒業、鐘ヶ淵紡績の経営者。

**○外国人**

**エルンスト・アッベ** Ernst Karl Abbe 1840-1905　ドイツの物理学者、光工学者、企業家、社会改良家。

**トマス・アクィナス（ダキノ、聖トマス）** Thomas Aquinas c.1225-1274　中世ヨーロッパ、イタリアの神学者、哲学者、『神学大全』が著名。

**アリストテレス** Aristotle 384-322 B.C.　ギリシャの哲学者、「万学の祖」といわれる。

**アシュレー** William James Ashley 1860-1927　オックスフォード大学を出た後、トロント、ハーヴァード（英語圏最初の経済史教授）で教え、一九〇一年秋からバーミンガム大学商学部教授。

**バジョット** Walter Bagehot 1826-1877　『エコノミスト』の編集者、『ロンバード街』など多数の著作がある。

**ブレンターノ** Lujo Brentano 1844-1931　シュトラスブルク、ライプチヒ、ミュンヘン大学等で教授を歴任、社会政策学会、ドイツ歴史学派の有力者。福田徳三の恩師。

**ビューヒャー** Karl Bücher 1847-1930　ライプチヒ大学教授、ドイツ歴史学派の代表者の一人、ゾンバルト、ウェーバーへの過渡的な位置を占めた。

**G・D・H・コール** G. D. H. Cole 1889-1959　ギルド社会主義を唱えたオクスフォード大学の社会経済学者。

**クールノー** Antoine Augustin Cournot 1801-1877　フランスの数学者、哲学者で数理経済学の先駆者。パリの高等師範学校で学び、リヨン大学教授から大学行政官に転出。『富の理論の数学的原理に関する研究』（一八三八年）（中山伊知郎訳）がある。

**フランク・フェッター** Frank Fetter 1863-1949　ドイツのハレ大学で学位取得、プリンストン大学教授、アメリカ経済学会会長を歴任。

**フォックスウェル** H. S. Foxwell 1849-1936　ロンドン（UCL）、ケンブリッジで教えた。通貨、銀行論とともに労働問題でも貢献した。

**フックス** Karl Johannes Fuchs 1865-1934　フライブルク大学、チュービンゲン大学で教えた。『国民経済学』（一九〇一年、一九二五年）（坂西由蔵訳）等がある。

**ゴッセン** Hermann Heinrich Gossen 1810-1858　ボン大学、ベルリン大学で学びプロイセンの公務員になった。『人間交易論』（一八五四年）で限界効用理論を最初に定式化した。

**ホブソン** John A. Hobson 1858-1940　オックスフォード大学出身の「異端の経済学者」、ラスキンの強い影響下に「もう一つの厚生経済学」を追究した。

**ジェヴォンズ** W. S. Jevons 1835-1882　マンチェスター、ロンドンで教えた経済学者、限界効用理論に基づく『経済学の理論』（一八七一年）を出版。

**ケインズ** J. M. Keynes 1883–1946　経済学者で政策形成にも貢献、『平和の経済的帰結』（一九一九年）、他多数の著作がある。

**リーフマン** Robert Liefmann 1874–1941　フライブルク大学教授、その流通理論等は福田に大きな影響を与え、『経済学原論』第二版（一九二七年）（宮田喜代蔵訳）がある。

**マルサス** Thomas Robert Malthus 1766–1834　ケンブリッジを出て、東インド・カレッジで教えた、『人口論』が著名。

**マルクス** Karl Marx 1818–1883　ドイツ生まれ、ロンドンで『資本論』を含む多数の著作を。歴史観、世界観に大きな影響を与えた。

**マーシャル** Alfred Marshall 1842–1924　ケンブリッジ大学の経済学者で、『経済学原理』（一八九一年、一九二〇年）で新古典派経済学の基礎をおいた。

**アントン・メンガー** Anton Menger 1841–1906　ウィーン大学で教えた法学者、『労働全収権史論』（一八八六年、一九〇四年）の著者。

**パレート** Vilfredo Pareto 1848–1923　トリノ大学（イタリア）で学び、ワルラスの後、ローザンヌ大学で経済学と社会学を教えた。

**ピグー** A. C. Pigou 1877–1959　ケンブリッジ大学におけるマーシャルの後継者、『厚生経済学』（一九二〇年）の著者。

**ジョン・レー** John Rae 1845–1915　エディンバラ大学を卒業、*Contemporary Socialism* (1884), *Eight Hours for Work* (1894),『アダム・スミス伝』の著者。

**リカード** David Ricardo 1772–1823　ロンドンで証券仲買人をし、『経済学および課税の原理』（一八一七年）で、古典派経済学の理論を体系化した。

**ロッシャー** Wilhelm Roscher 1817–1994　ドイツ歴史学派の初期の代表者。ゲッティンゲン、ライプチヒ大学の教授、経済学の「歴史的方法」を提唱。

**ラスキン** John Ruskin 1810–1900　オックスフォード大学で美学を教え、『この最後の者にも』等の経済論で「生こそ富」を唱えた。

**バートランド・ラッセル** Bertrand Russell 1872–1970　イギリスの数学者、哲学者、社会批評家。

**アマルティア・セン** Amartya Sen 1933-　インド生まれ、ケンブリッジで学んだ、現代の厚生経済学者。

**アダム・スミス** Adam Smith 1723–1790　スコットラン

ド出身で、『道徳感情論』、『国富論』により近代的な経済学の基礎を構築した。

**トインビー** Arnold Toynbee 1852-1883　オックスフォードで学び教えた。「産業革命」という用語を普及・定着させた、病気で早逝。

**ワルラス** Léon Walras 1834-1910　フランスで生まれ、一般均衡論を数学的に定式化した、ローザンヌ大学で教えた。

**ウェッブ夫妻** Beatrice Webb（1858-1943）and Sidney Webb（1859-1947）　フェビアン協会を推進、『産業民主制論』（一八九七年）を書き、ナショナル・ミニマムを提唱した。

# 福田徳三略年譜

| | | |
|---|---|---|
| 一八七四（明治七）年 | 一二月二日 | 東京神田に生まれる。 |
| 一八八七（明治二〇）年 | 五月 | 母信子死去。以後、優等生となって勉学に励む。 |
| 一八八九（明治二二）年 | 七月 | 商工徒弟講習所補充科二年に入学。 |
| 一八九〇（明治二三）年 | 九月 | 高等商業学校予科へ進学。 |
| 一八九三（明治二六）年 | 七月 | 本科三年に進級し、各地の商工業の状況を視察する。 |
| 一八九四（明治二七）年 | 七月 | 高等商業学校を卒業。 |
| | 九月 | 兵庫県立神戸商業学校教諭に任命される。 |
| 一八九五（明治二八）年 | 九月 | 神戸商業学校を辞して高等商業学校研究科に入学。 |
| 一八九六（明治二九）年 | 七月 | 高等商業学校研究科卒業。 |
| | 九月 | 高等商業学校講師となる。 |
| 一八九七（明治三〇）年 | 三月 | ドイツ留学に出発。 |
| 一八九九（明治三二）年 | 一二月 | 『労働経済論』（ブレンターノとの共著）を出版。 |
| 一九〇〇（明治三三）年 | 四月 | ドイツ留学中に高等商業学校教授に任命される。この年 *Die gesellschaftliche und wirtschaftliche Entwickelung in Japan* を出版。 |
| 一九〇一（明治三四）年 | 一月 | ヨーロッパ留学中の高等商業学校教員七名とともに、ベルリンにて「商科大学設立ノ必要」を起草する。 |
| | 九月 | 四年間の留学より帰国。一一月から講義を行う。 |
| 一九〇四（明治三七）年 | 八月 | 休職を命じられる。 |
| 一九〇五（明治三八）年 | 五月 | 法学博士の学位を受ける。 |

一〇月　慶應義塾教員となる。

一九〇七（明治四〇）年
九月　『経済学講義』上巻を出版（中、下巻は一九〇九年刊）。

一九一〇（明治四三）年
一月　東京高等商業学校講師を嘱託される。慶應義塾の教員も務める。

一九一八（大正七）年
三月　慶應義塾を退職。
一二月　吉野作造らと黎明会を結成。

一九一九（大正八）年
五月　東京高等商業学校教授に任命される。

一九二二（大正一一）年
四月　帝国学士院会員に任命される。

一九二三（大正一二）年
一月　内務省社会局参与に任命される。
一一月　関東大震災後の失業調査を実施。

一九二五（大正一四）年
三月　『経済学全集』刊行開始。
五月　帝国学士院会員代表として、第六回万国学士院連合会議に出席。
九月　ロシア学士院二〇〇年祭（於レニングラード）に出席。ケインズらとともに、モスクワで講演。

一九二七（昭和二）年
二月　フランス学士院客員に選出される。

一九三〇（昭和五）年
三月　『厚生経済研究』を出版。
五月八日　逝去（五五歳）。

# 主要参考文献

赤松要編［一九四八］福田徳三『生存権の社会政策』黎明書房
池田幸弘・小室正紀編［二〇一五］『近代日本と経済学――慶應義塾の経済学者たち』慶應義塾大学出版会
伊藤邦武［二〇一一］『経済学の哲学――一九世紀経済思想とラスキン』中公新書
井上琢智［二〇〇六］『黎明期日本の経済思想』日本評論社
上田辰之助『上田辰之助著作集』第二、五、六巻、みすず書房、一九八七、一九九六年
上田貞次郎『上田貞次郎日記』大正八～昭和一五年、明治三八～大正七年、明治二五～三七年、上田貞次郎日記刊行会、一九六三～六五年
上田貞次郎『上田貞次郎全集』第一、三、四、七巻、上田貞次郎全集刊行会、一九七五～七六年
上田正一［一九八〇］『上田貞次郎伝』泰文館
宇沢弘文［二〇一六］『宇沢弘文傑作論文全ファイル』東洋経済新報社
――［二〇一七］『人間の経済』新潮新書
大内兵衛［一九七〇］『経済学五十年』上、東京大学出版会
大熊信行［一九二七］『社会思想家としてのラスキンとモリス』新潮社（引用は論創社、二〇〇四年）
――［一九二九］『マルクスのロビンソン物語』同文館（引用は、論創社、二〇〇三年）
大島清［一九六八］『高野岩三郎伝』（大内兵衛、森戸辰男、久留間鮫造監修）岩波書店
大塚金之助『大塚金之助著作集』第一～三、六、一〇巻、岩波書店、一九八〇～八一年
尾高煌之助・西沢保編［二〇一〇］『回想の都留重人――資本主義、社会主義、そして環境』勁草書房
河合栄治郎［一九三七］『金井延の生涯と学蹟』日本評論社

金沢幾子［二〇一一］『福田徳三書誌』日本経済評論社
上久保敏［二〇〇三］『日本の経済学を築いた五十人――ノンマルクス経済学者の足跡』日本評論社
小泉信三［二〇〇一］『青年 小泉信三の日記』明治四四～大正三年、慶應義塾大学出版会
齋藤慶司［一九八八］『左右田喜一郎伝』有隣堂
塩野谷祐一［一九八四］『価値理念の構造』東洋経済新報社
――［二〇一二］『ロマン主義の経済思想――芸術・倫理・歴史』東京大学出版会
杉原四郎［二〇〇一］『日本の経済思想史』関西大学出版部
杉本栄一［一九三九］『理論経済学の基本問題』日本評論社
――［一九八一］『近代経済学の解明』岩波文庫（「解説」伊東光晴）
高橋誠一郎［一九五六］『経済学 わが師 わが友』日本評論新社
田中秀臣［二〇〇〇］「福田徳三のマーシャル受容」『上武大学商学部紀要』第一二巻第一号
都留重人［一九四三］「〝国民所得〟概念への反省」『一橋論叢』第一二巻第六号
――［一九九四］「『成長』ではなく『労働の人間化』を！」『世界』一九九四年四月
――［一九九八］「ビクトリア朝時代についての一経済学者の反省――ラスキンの政治経済学上の貢献について」同著『科学的ヒューマニズムを求めて』新日本出版社
――［二〇〇一］『都留重人自伝――いくつもの岐路を回顧して』岩波書店
――［二〇〇四］『科学と社会――科学者の社会的責任』岩波ブックレット
中山伊知郎［一九七八a］「日本における近代経済学の出発点」、同［一九七八b］「厚生経済学と福田徳三」（美濃口武雄・早坂忠編『近代経済学と日本』日本経済新聞社）
中山伊知郎『中山伊知郎全集』第二、六、七、一七集、別巻、講談社、一九七二～七三年

西沢保［二〇〇七］『マーシャルと歴史学派の経済思想』岩波書店
――［二〇二〇ａ］「国際労働保護法制、ＩＬＯと福田徳三」『立教経済学研究』第七三巻第三号
――［二〇二〇ｂ］「ＩＬＯの創設と日本の対応、福田徳三」『社会政策』第一二巻第二号
間宏編［一九七〇］『財界人の労働観』ダイヤモンド社
一橋大学学園史編纂委員会編［一九八四］『花開く東京商科大学――予科と寮』
一橋大学学園史刊行委員会編［一九八六］『一橋大学学問史』
福田徳三［一九二五～二六］『経済学全集』全六集八冊、同文館（『全集』からの引用は、集数と頁数で記す）
福田徳三［二〇一五～］福田徳三研究会編『福田徳三著作集』信山社（福田の著作からの引用は、刊行中の『著作集』を用い、巻数と頁数で記す）
第一巻『経済学講義』（西沢保編、二〇一七年）
第三巻『国民経済講話⑴』（江夏由樹編、二〇一七年）
第九巻『経済学論攷』（山内進編、二〇一九年）
第一〇巻『社会政策と階級闘争』（西沢保・森宜人編、二〇一五年）
第一一巻『社会運動と労銀制度』（玉井金五・杉田菜穂編、二〇一九年）
第一四巻『労働権・労働全収権及労働協約』（西沢保編、二〇二一年）
第一五巻『黎明録』（武藤秀太郎編、二〇一六年）
第一六巻『暗雲録』（武藤秀太郎編、二〇一六年）
第一七巻『復興経済の原理及若干問題』（清野幾久子編、二〇一六年）
第一八巻『経済危機と経済恢復』（森宜人編、二〇二二年）
第一九巻『厚生経済研究』（井上琢智編、二〇一七年）

福田徳三［一九三三］福田徳三博士追憶論文集刊行委員会編『経済学研究——福田徳三博士追憶論文集』森山書店

福田徳三［一九六〇］福田徳三先生記念会『福田徳三先生の追憶』

福田徳三［二〇〇六］『福田徳三——ルーヨ・ブレンターノ書簡 一八九八—一九三一年』翻刻・翻訳 柳沢のどか、校閲 西沢保、一橋大学社会科学古典資料センター *Study Series*, No. 56.

武藤秀太朗［二〇二〇］『大正デモクラットの精神史』慶應義塾大学出版会

安井琢磨［一九四二］「我国における理論経済学の発展について——『数理経済学』を中心として」『東京帝国大学学術大観 法学部・経済学部』

——［一九七九］『経済学とその周辺』木鐸社

山田雄三［一九五五］「福田博士の厚生経済学について」（山田雄三『国民所得論』岩波書店、一九五九年所収）

——［一九八二a］「一橋と福田経済学——実学的『近経』の系譜」一橋の学問を考える会

——［一九八二b］「福田経済学と福祉国家論——福田徳三先生歿後五十年にあたって」『日本学士院紀要』第三七巻第三号

山田雄三編［一九八〇］福田徳三『厚生経済』講談社学術文庫

Allett, John [1981] *New Liberalism. The Political Economy of J.A. Hobson*, University of Toronto Press.

Ashley, W. J. [1888, 1893] *An Introduction to English Economic History and Theory*, Part I The Middle Ages; Part II The End of the Middle Ages, London: Longmans（野村兼太郎訳『英国経済史及学説』岩波書店、一九二二年）

Backhouse, R. E. and Nishizawa, T. eds. [2010] *No Wealth but Life. Welfare Economics and the Welfare State in Britain, 1880–1945*, Cambridge University Press.

Brentano, Lujo [1931] *Mein Leben im Kampf um die soziale Entwicklung Deutslands*, Jena: E. Diederichs Verlag（石坂昭雄・加来祥男・太田和宏訳［二〇〇七］『わが生涯とドイツの社会改革、一八四四〜一九三一年』ミネルヴァ

書房）

Caldari, K. and Nishizawa, T. eds. [2020] *Alfred Marshall's Last Challenge. His Book on Economic Progress*, Cambridge Scholars Publishing.

Dardi, Marco [2010] "Marshall on Welfare, or the 'Utilitarian' Meets the 'Evolver' ", *European Journal of the History of Economic Thought*, vol. 17 No. 3.

Fetter, Frank A. [1920] "Price Economics versus Welfare Economics," *American Economic Review*, Vol. 10, No. 3, 4.

Hobson, J. A. [1898, 1904] *John Ruskin. Social Reformer*, third edition, London: James Nisbet.

—— [1910] *The Industrial System. An Inquiry into Earned and Unearned Income*, New and revised edition, London: Longmans.

—— [1914] *Work and Wealth. A Human Valuation*, London: Routledge / Thoemmes Press, 1992.

—— [1929] *Wealth and Life. A Study in Values*, London: Macmillan.

—— [1938] *Confessions of an Economic Heretic*, London: George Allen and Unwin.（高橋哲雄訳『異端の経済学者の告白――ホブスン自伝』新評論、一九八三年）

Keynes, J. M. [1924] "Alfred Marshall, 1842–1924", *The Collected Writings of J. M. Keynes*, Vol. X, London: Macmillan, 1972（大野忠男訳「アルフレッド・マーシャル」『ケインズ全集』第一〇巻、東洋経済新報社、一九八〇年）

Liu, William Tien-Chen [1934] *A Study of Hobson's Welfare Economics*, Peiping: Kwang Yuen Press.

Marshall, Alfred [1873] "The Future of the Working Classes," in Pigou ed. 1925, pp.101–118.（永澤越郎訳「労働階級の将来」同訳『マーシャル経済論文集』岩波ブックサービスセンター、一九九一年）

—— [1897] "The Old Generation of Economists and the New," in Pigou ed. 1925（山田雄三訳「経済学者の旧世代と新世代」杉本栄一編『マーシャル経済学選集』日本評論社、一九四〇年）

—— [1961a, 1961b] *Principles of Economics* (1890), 9th (variorum) ed., by C.W. Guillebaud, Vol. I Text, Vol. II Notes, London: Macmillan, [1961]（馬場啓之助訳『経済学原理』Ⅰ〜Ⅳ、東洋経済新報社、一九六五〜六七年）

Myint, Hla [1948] *Theories of Welfare Economics*, London: Longmans, Green and Co.

Pigou A. C. [1920] *The Economics of Welfare*, London: Macmillan（気賀健三他訳『厚生経済学』Ⅰ〜Ⅳ、東洋経済新報社、一九五三〜五五年）

——ed. [1925] *Memorials of Alfred Marshall,* London: Macmillan.

Nishizawa, T. [2021] "Alfred Marshall on Progress and Human Wellbeing", Backhouse, R.E., Baujard, A. and Nishizawa, T. eds., *Welfare Theory, Public Action, and Ethical Values. Revisiting the History of Welfare Economics*, Cambridge University Press.

Raffaelli, T., Biagini, E., Tullberg, R.M. eds. [1995] *Alfred Marshall's Lectures to Women. Some Economic Questions directly connected to the Welfare of the Labourer*. Aldershot,: Edward Elgar.

Ruskin, John [1860] *Unto this Last: Four Essays on the First Principles of Political Economy,* London: Routledge/Thoemmes Press（飯塚一郎訳「この最後の者にも」『世界の名著』四一『ラスキン、モリス』中央公論社、一九七一年）

—— [1872] *Munera Pulveris. Six Essays on the Elements of Political Economy*, London: Routledge/Thoemmes Press.（木村正身訳『ムネラ・プルウェリス——政治経済要義論』関書院、一九五八年）

——*The Works of John Ruskin*, Vol. 16, ed. by E.T. Cook and A. Wedderburn, London: George Allen, 1905.

Schumpeter, J. [1954] *History of Economic Analysis,* New York: Oxford University Press（東畑精一・福岡正夫訳『経済分析の歴史』上、中、下、岩波書店、二〇〇五〜六年）

Sen, Amartha [1985] *Commodities and Capabilities*, Elsevier Science Publishers（鈴村興太郎訳『福祉の経済学——財

と潜在能力』岩波書店、一九八八年）
Winch, Donald [2009] *Wealth and Life. Essays on the Intellectual History of Political Economy in Britain, 1848–1914*, Cambridge University Press.

[は行]



[ま行]



[や・ら・わ行]

## 外国人

# 人名索引

【著者紹介】

西沢　保（にしざわ　たもつ）

帝京大学経済学部客員教授、一橋大学名誉教授

1950年生まれ

1983年　一橋大学大学院社会学研究科博士課程修了

主要著作　『マーシャルと歴史学派の経済思想』（岩波書店、2007年）、『ケンブリッジ 知の探訪』（平井俊顕と共編著、ミネルヴァ書房、2018年）、『福田徳三著作集』第1巻、第10巻、第14巻の編集・解題（信山社）。*Welfare Theory, Public Action, and Ethical Values. Revisiting the History of Welfare Economics*（ed. with R.E.Backhouse and A.Baujard, CUP, 2021）, *No Wealth But Life*（ed. with R.E.Backhouse, CUP, 2010）, *Liberalism and the Welfare State*（ed. with R.E.Backhouse, et al., OUP, 2017）, *Alfred Marshall's Last Challenge. et al.,*（ed. with K. Caldari, Cambridge Scholars Publishing, 2020）.

福田徳三　〈評伝・日本の経済思想〉
経済学の黎明と展開

2023年5月22日　第1刷発行

著　者　西沢　保
発行者　柿﨑　均

発行所　株式会社　日本経済評論社
〒101-0062　東京都千代田区神田駿河台 1-7-7
電話 03-5577-7286　FAX 03-5577-2803
E-mail: info8188@nikkeihyo.co.jp
URL: http://www.nikkeihyo.co.jp
装幀：渡辺美知子／組版：KDAプリント株式会社
印刷・製本：株式会社デジタルパブリッシングサービス

乱丁・落丁はお取替えいたします。　Printed in Japan
価格はカバーに表示しています。


ISBN978-4-8188-2628-1

【本シリーズと日本経済思想史学会】

〈評伝　日本の経済思想〉は、日本経済思想史学会が母体となって刊行しているシリーズです。この学会は、一九八三年に、故逆井孝仁教授（立教大学）を中心に数名の若手研究者が集まって始めた日本経済思想史研究会が前身ですが、三〇年におよぶ活動の蓄積を踏まえ、二〇一二年に日本経済思想史学会へと名称を変更しました。

本会の発足当時は、日本経済史における思想あるいは経済主体の役割についての研究は必ずしも十分ではなく、また経済学史・経済思想史研究も欧米の事例に片寄りがちでした。本会は、そのような中で、日本経済思想史という分野の発展のために努力を続けて参りました。本シリーズもその一環であり、日本経済思想史研究の活性化を願って、二〇〇八年より順次刊行されております。

経済思想を主題としながらも「評伝」という形をとっているのは、専門家だけでなく広く一般の方々にも「思想」というものに親しみやすく触れていただくことを目的としたからです。また、思想を理解するには、それを生み出した担い手の生活や人生、あるいは時代背景の中に置いてみることが重要だと考えているからでもあります。思想は学者や思想家のみのものではありません。こうした考えから本シリーズでは、経済学者だけにとらわれずに、官僚、政治家、実業家も担い手として取り上げました。そこに一つの特色があるかと存じます。

右のような狙いを持つ本シリーズの刊行により、日本の内外を問わず、日本経済思想史により一層の関心が拡大することを願ってやみません。本シリーズをさらに充実したものにするためにも、読者諸賢より多くのご批判、ご感想を頂戴できましたら幸甚です。

二〇一三年六月　日本経済思想史学会

▶評伝・日本の経済思想◀　既刊

寺出道雄（慶應義塾大学）『山田盛太郎』
池尾愛子（早稲田大学）『赤松　要』
中村宗悦（大東文化大学）『後藤文夫』
上久保敏（大阪工業大学）『下村　治』
落合　功（広島修道大学）『大久保利通』
藤井隆至（新潟大学）『柳田国男』
大森一宏（駿河台大学）『森村市左衛門』
見城悌治（千葉大学）『渋沢栄一』
齋藤　憲（専修大学）『大河内正敏』
清水　元（早稲田大学）『北　一輝』
西沢　保（一橋大学）『福田徳三』
山本長次（佐賀大学）『武藤山治』
牧野邦昭（摂南大学）『柴田　敬』